职业教育国家精品在线开放课程配套教材

新编21世纪高等职业教育精品教材·电子商务类

电子商务运营与推广

（活页式）

主　编／程艳红　陈　蕾　王利锋
副主编／邹光旗

立德树人　案例生动　内容丰富　资源立体

中国人民大学出版社
·北京·

图书在版编目（CIP）数据

电子商务运营与推广：活页式/程艳红，陈蕾，王利锋主编. -- 北京：中国人民大学出版社，2024.1
新编 21 世纪高等职业教育精品教材. 电子商务类
ISBN 978-7-300-31713-7

Ⅰ. ①电… Ⅱ. ①程… ②陈… ③王… Ⅲ. ①电子商务-运营管理-高等职业教育-教材 Ⅳ. ①F713.365.1

中国国家版本馆 CIP 数据核字（2023）第 090194 号

职业教育国家精品在线开放课程配套教材
新编 21 世纪高等职业教育精品教材·电子商务类
电子商务运营与推广（活页式）
主　编　程艳红　陈　蕾　王利锋
副主编　邹光旗
Dianzi Shangwu Yunying yu Tuiguang（huoyeshi）

出版发行	中国人民大学出版社		
社　　址	北京中关村大街 31 号	**邮政编码**	100080
电　　话	010－62511242（总编室）		010－62511770（质管部）
	010－82501766（邮购部）		010－62514148（门市部）
	010－62515195（发行公司）		010－62515275（盗版举报）
网　　址	http://www.crup.com.cn		
经　　销	新华书店		
印　　刷	中煤（北京）印务有限公司		
开　　本	787 mm×1092 mm　1/16	**版　　次**	2024 年 1 月第 1 版
印　　张	12.75	**印　　次**	2024 年 1 月第 1 次印刷
字　　数	230 000	**定　　价**	38.00 元

前言

PREFACE

职业能力的培养是职业教育教材建设的核心内容。《国家职业教育改革实施方案》倡导使用新型活页式、工作手册式教材并配套信息化资源，由此以真实生产项目、典型工作任务、案例等为载体组织教学单元显得尤为重要。“电子商务运营与推广”课程作为苏州经贸职业技术学院电子商务专业的核心课程，在长期的课程建设过程中，力争将企业真实生产项目、典型工作任务引入课堂，同时对接“网店运营推广”职业技能等级证书标准，取得了一定的成效。编者在此基础上编写了本教材，旨在培养“有德行学识、懂运营逻辑、会营销推广”的高素质创新型新商科人才。本教材主要特色如下。

1. 重视课程思政建设，建立健全价值体系

以“五个牢牢把握”为引领，将党的二十大精神落在实处。本教材以碧螺春产品为载体编排内容，不仅可以塑造学生爱岗敬业、守正创新的电子商务网店运营素养，而且将劳动光荣、文化传承、爱农助农的价值理念根植于心。教材在传授专业知识的同时，融入中国特色社会主义和中国梦教育、社会主义核心价值观教育、法治教育、劳动教育、心理健康教育、中华优秀传统文化教育。教材内容既契合数字经济、乡村振兴的时代背景，又传递加快建设网络强国、数字强国的时代主题，彰显教材建设主渠道的价值。

2. 以学生为主体，以工作过程为主线，依托真实企业业务流程进行教材逻辑设计和内容安排

在教材整体设计方面，坚持以学生为中心，以教师“有什么”“教什么”“评什么”随动学生“要什么”“会什么”“成什么”为原则，紧跟电子商务产业发展趋势和行业人才需求，紧密对接真实企业，聚焦电子商务运营岗位，从电子商务运营岗位网店运营推广技能要求出发，遵循电子商务企业网店运营推广业务流程，选取目前最主流的淘宝网店进行教材逻辑设计，旨在系统地构建网店运营推广的知识体系，培养学生电子商务运营推广的理论素养和实践技能。

在内容安排方面，响应国家乡村振兴战略，依托地方农产品资源，选取校企合作真实项目“洞庭碧螺春农产品网店项目”贯穿始终，系统全面地介绍电子商务网店运营过程中的所有流程。同时，将教材内容举一反三延伸到同一类企业，触类旁通拓展到同一类岗位，满足学生对电子商务网店运营推广岗位技能的掌握和融会贯通的需求。

3. 校企“双元”共同编写，“讲、练、评”一体化活页式教材

本教材遵循真实企业网店运营推广认识发展规律，“讲、练、评”一体化，企业人员全程参与教材的编写工作，真正做到任务驱动式、项目模块式教学，满足学生一毕业就可上岗的要求，提高学生在学习中的主动性与积极性，体现高等职业教育的特点。本教材采用活页方式，结合教师教案、学生笔记、学生作业和练习、互动点评等为一体，随时可更新教材内容。

4. 紧密对接“网店运营推广”职业技能等级证书标准，实现课证融通

教材编写过程中，紧密对接“网店运营推广”职业技能等级证书标准。本教材将企业真实生产项目、典型工作任务和证书标准对接，可加快推进职业技能等级证书认证考核工作，为课证融合探索了一条新路径。将证书培训内容融入课程教学，有利于学生树立吃苦耐劳、诚信开店、爱岗敬业的工匠精神，提高职业能力和职业素养，为毕业生就业打下坚实的基础，培养德智体美劳全面发展的社会主义接班人。

本教材整体构架由苏州经贸职业技术学院程艳红完成，其中项目 1、项目 2 由程艳红编写，项目 3、项目 4 由苏州经贸职业技术学院王利锋编写，项目 5、项目 6 由苏州经贸职业技术学院陈蕾、西山碧螺春茶厂邹光旗共同编写。

本教材是 2022 年职业教育国家在线精品课程“网店运营与推广”的配套教材、2021 年苏州经贸职业技术学院立项建设重点教材。

由于电子商务运营涉及的内容时效性较强，加上编写时间及编者水平有限，教材中难免存在不足之处，恳请广大读者批评指正，以使本教材日臻完善，谢谢！

编　者

目录

CONTENTS

项目 1　网店申请

学习目标

◆ **知识目标：** 了解常见的网店运营平台，熟悉淘系网店店铺体系和分类，掌握天猫网店申请类型、缴纳费用及入驻要求，掌握网店运营推广（初级）证书考试中与网店开设相关的知识。

◆ **能力目标：** 能够独立完成淘系网店店铺入驻并灵活把握要点，能够举一反三完成其他平台的入驻；能够独立完成网店运营推广（初级）证书考试中的店铺注册及认证实训。

◆ **素养目标：** 培养踏实、勤奋、积极、主动、负责的基本人文素养，培养诚信经营意识，培养保守商业机密、良好礼仪、交流沟通、爱岗敬业的基本职业素养，培养积极传承非物质文化遗产保护的意识，培养学以致用的能力。

知识结构

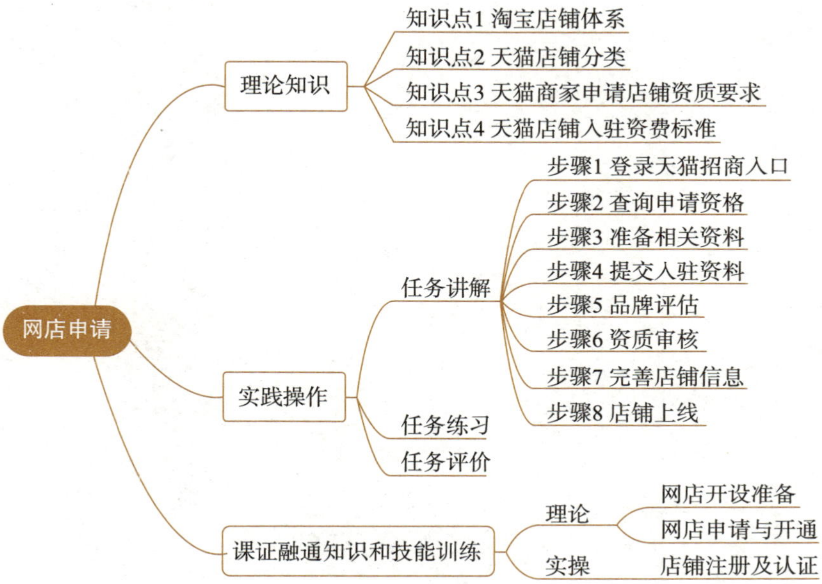

素养园地

党的二十大报告明确指出，“加快建设制造强国、质量强国、航天强国、交通强国、网络强国、数字中国”。在电商如火如荼、蓬勃发展的今天，电商平台为乡村振兴插上了数字化的翅膀。党的二十大报告还指出，“以社会主义核心价值观为引领，发展社会主义先进文化，弘扬革命文化，传承中华优秀传统文化”。

洞庭无处不飞翠，碧螺春香万里醉。碧螺春茶已有 1 000 多年的历史，2022 年 11 月 29 日，涵盖碧螺春制作技艺的“中国传统制茶技艺及其相关习俗”列入联合国教科文组织人类非物质文化遗产代表作名录，碧螺春手工制作技艺于 2011 年被列入国家级非物质文化遗产代表性项目名录，“江苏吴中碧螺春茶果复合系统”于 2020 年入选第五批中国重要农业文化遗产名单。借助网络资源，通过网店布局推广碧螺春产品、碧螺春文化，打造品牌效应，这对弘扬中国茶文化、传承非物质文化遗产意义非凡。

思考 在网络平台销售碧螺春产品可以申请什么类型的网店？如何申请？费用多少？

理论知识

了解网店运营平台

2022年我国网络零售市场总体稳步增长。国家统计局数据显示，2022年全国网上零售额13.79万亿元，同比增长4%。特别是农产品网络零售增势较好。全国农村网络零售额达2.17万亿元，同比增长3.6%。全国农产品网络零售额5 313.8亿元，同比增长9.2%，增速较2021年提升6.4个百分点。

市场份额方面，2022年第3季度，天猫成交总额较2021年同期增长2.2%，占据市场份额的63.1%，排名第一。京东成交总额较2021年同期增长15.1%，其市场份额为31.5%，排名第二。唯品会排名第三，其市场份额为2.7%。苏宁易购和小米有品分别以1.1%和0.4%的市场份额位列第四和第五。因此，要开发国内网络零售市场，必然要在这些平台上开展店铺经营，其中淘系店铺体系中的天猫平台是企业的首选。

知识点1 淘宝店铺体系

微 课

店铺类型

在淘宝店铺体系里，店铺类型主要分为淘宝店铺、天猫国际、天猫超市、天猫店铺（图1-1），淘宝店铺又分为淘宝特价版、淘宝个人店C店和淘宝企业店B店，淘宝个人店C店只需要公民有效身份证就可以注册并进行认证，而淘宝企业店B店则需要营业执照才能认证。淘宝企业店B店有“企”的字标，不管是店外还是店内都有显示，相比淘宝个人店C店，其搜索权重更高，客户信任度更高，进而转化率也就更高。

天猫国际成立于2014年，主要为消费者直供境外原装进口商品，同时也是帮助境外品牌直接触达消费者、建立品牌认知和消费者洞察的首选平台。

天猫超市是天猫商城全新打造的本地网上零售超市，仅开通城市购买，可实现购买次日送达。

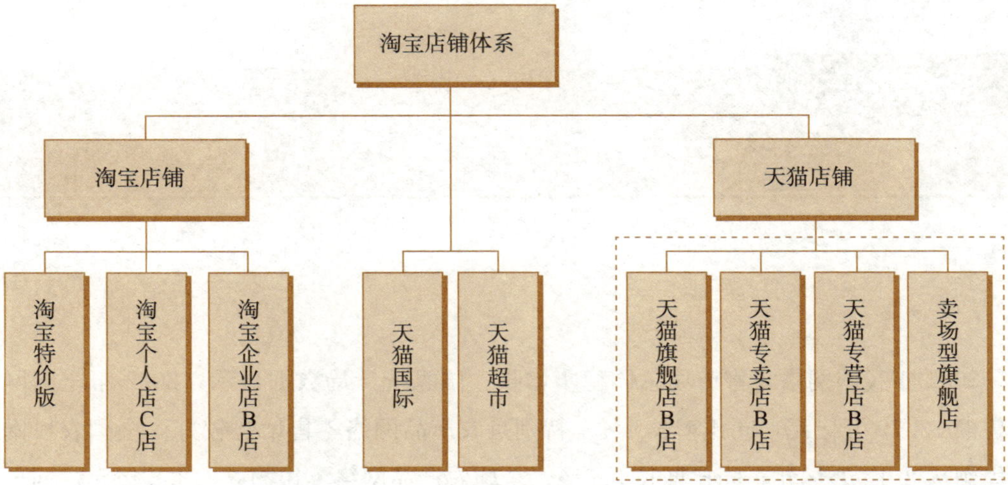

图 1-1　淘宝店铺体系

淘宝店铺的申请、应用相对简单，大家可以自行操作，下面着重介绍一下天猫店铺。

天猫店铺前身为淘宝商城，淘宝商城是 2008 年淘宝集团应网络市场需求在整个大淘宝市场的基础上推出的面向高端商家和客户的网络零售平台。经过多年的培育发展，开启“双十一”、逐步启用新域名 tmall. com 后正式更名为天猫商城，天猫生态体系也更加完善，逐步成为品质商家开启网络零售市场的必由之路。

知识点 2　天猫店铺分类

在天猫店铺体系里，商家以各自经营商品类目为基础申请店铺，经营店铺的基本要求就是商家资质必须为公司且拥有各自的经营品牌。根据经营品牌的数量及对品牌的拥有权，目前天猫主要提供四种店铺类型，分别是旗舰店、专卖店、专营店、卖场型旗舰店，如图 1-2 所示。

旗舰店指以自有品牌或由商标权人提供独占性授权的品牌入驻天猫开设的店铺。

专卖店指以商标权人提供普通授权的品牌天猫开设的店铺。

专营店指在同一经营大类下经营两个及以上他人或自有品牌的店铺，一个招商大类下专营类只能申请一家。

卖场型旗舰店指以服务类型商标开设经营多个品牌的旗舰店。如苏宁卖场型旗舰店就是最典型的卖场型旗舰店。

在天猫中，商家可以根据经营品牌的不同，申请对应的店铺类型，店铺类型在店铺名称中即可体现。

我们主要讲解旗舰店、专卖店、专营店三类店铺的相关内容，卖场型旗舰店仅作了解。

旗舰店
以自有品牌或由商标权人提供独占授权的品牌入驻天猫开设的店铺。

专卖店
以商标权人提供普通授权的品牌入驻天猫开设的店铺。

专营店
在同一经营大类下经营两个及以上他人或自有品牌的店铺。

卖场型旗舰店
以服务类型商标开设经营多个品牌的旗舰店。

图 1-2　天猫店铺分类

知识点 3　天猫商家申请店铺资质要求

一般而言，只要具备公司法人资格，具备品牌经营所有权，商家就可以向天猫店铺申请自主入驻。随着经营类目、网络环境的变化及国家政策环境的变化，天猫商城的入驻规则也有一些特殊及新的要求，具体如下：

- 天猫暂不接受个体工商户的入驻申请，也不接受非中国境内企业的入驻申请。
- 天猫暂不接受未取得国家商标总局颁发的商标注册证或商标受理通知书的品牌开店申请（部分类目的进口商品除外），也不接受纯图形类商标的入驻申请。
- 对于多数类目，要求开店公司注册资本高于 100 万元人民币（包括 100 万元）、需具备一般纳税人资格，多数类目对专营店暂不招商，有的类目还对企业经营时限和品牌拥有时限有明确的要求。

入驻天猫商城，不管是旗舰店、专卖店、专营店，都需要提供相应的企业营业执照、商标文件、品牌方线上授权/授权文件或采购合同及进货发票、特殊商业经营许可证等。其中，特殊商业经营许可证包括食品经营许可证、食品生产许可证、图书出版许可证以及其他证明企业可以合法经营相应商品的有效证件，例如开设旗舰店销售的是茶叶，则需要提供食品经营许可证、食品生产许可证；销售的是图书，则需要提供图书出版许可证等。

为让商家有更多机会展示其经营能力，与天猫形成更优双向选择，自 2021 年 4 月 19 日起，天猫支持部分类目进行试运营入驻。试运营入驻是指商家在入驻成功后会首先在现有店铺类型基础上建立特殊临时店铺形态，以该特殊临时店铺形态进行试运营并按照天猫试运营考核标准接受考核，这一特殊临时店铺形态的存续期（即试运营期）至多不超过 210 天。

天猫商城的入驻规则随着环境变化而不断优化，商家如果有志于经营好网络零售，就需要准确掌握相关规则的变化。

知识点 4 天猫店铺入驻资费标准

商家入驻天猫须缴纳一定的费用，主要包括以下 3 个部分。

1. 店铺保证金

经营天猫必须缴纳店铺保证金，店铺保证金主要用于保证商家按照天猫的规范进行经营，并且在商家有违规行为时根据《天猫服务协议》及相关规则的规定用于向天猫及消费者支付违约保证金。店铺保证金根据店铺性质及商标状态不同，分为 5 万元、10 万元、15 万元 3 档，特殊类目缴纳的保证金也可能是 1 万元、30 万元等。

旗舰店、专卖店：持商标注册受理通知书的店铺缴纳的店铺保证金为人民币 10 万元，持注册商标（R 标）的店铺缴纳的店铺保证金为人民币 5 万元。

专营店：持商标注册受理通知书或/和经营未在中国境内申请注册商标（TM 标）的特殊商品（如进口商品等）的店铺缴纳的店铺保证金为人民币 15 万元，持注册商标的店铺缴纳的店铺保证金为人民币 10 万元。

卖场型旗舰店，缴纳的店铺保证金为人民币 15 万元。

以食品行业为例：

- 品牌旗舰店、专卖店保证金：TM 标 10 万元，R 标 5 万元。
- 专营店保证金：TM 标 15 万元，R 标 10 万元。
- 保证金不足额时，商家需要在 15 日内补足，逾期未补足的，天猫将对商家店铺进行监管，直至补足。

食品经营大类下一级类目茶的 R 标旗舰店的投入费用情况如图 1-3 所示。

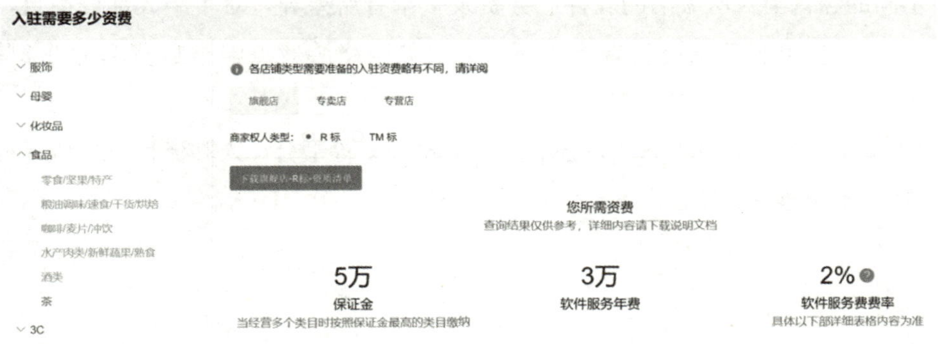

图 1-3　茶类 R 标旗舰店资费标准

2. 软件服务年费

商家在天猫经营必须缴纳软件服务年费（以下简称“年费”），年费金额参照商家经营的一级类目，分为人民币 3 万元、6 万元两档。

为鼓励商家提高服务质量、扩大经营规模，天猫对软件服务年费有条件地向商家给予商业折扣，折扣比例分为年费的 50%和 100%两档。但是，在店铺当年实际经营期间，基础服务考核分未达到标准，因违规行为/资质造假被清退的，因虚假交易和/或不当使用他人权利的一般违规行为，单次扣分大于等于 12 分累计达两次及以上等特殊情况除外。

以食品经营大类下一级类目茶为例：

- 软件服务费年费：3 万元。
- 年费返回：年销售额达到 18 万元享受 50%、达到 60 万元享受 100%年费折扣优惠。

茶类软件服务年费及折扣优惠如图 1-4 所示。

一级类目	软件服务费费率	软件服务费年费	享受50%年费折扣优惠对应年销售额	享受100%年费折扣优惠对应年销售额
茶	2%	3万元	18万元	60万元

图 1-4　茶类软件服务年费及折扣优惠

3. 实时划扣软件服务费

商家在天猫经营需要按照其销售额的一定百分比（称为“费率”）缴纳软件服务

费。天猫各类目软件服务费费率标准详见《天猫 2023 年度各类目年费软件服务费一览表》。不同的经营类目所缴纳的软件服务费及费率有所差异，对于绝大部分类目，费率在2%～5%，但也有特殊类目费率有所出入，如网络游戏点卡类目费率为 0.5%，移动、联通、电信充值中心类目费率为 0.4%。

除了淘系平台外，现在常见的还有京东、拼多多等平台，入驻流程及资费标准大同小异，在此不做过多介绍。

实践操作

天猫店铺申请流程

微课

店铺入驻流程

企业入驻天猫，首先需要进行店铺申请工作，相关的入驻流程如下。

步骤1 登录天猫招商入口

在浏览器地址栏中输入 zhaoshang. tmall. com 就可以进入天猫招商入口，如图 1-5 所示。在这里可以查看入驻指南、入驻流程、资费标准等相关页面。我们以碧螺春茶叶为例来介绍，申请的是西山碧螺春茶厂旗舰店。

图 1-5 天猫招商入口

选择入驻天猫，可以查看具体的入驻流程，如图 1-6 所示。

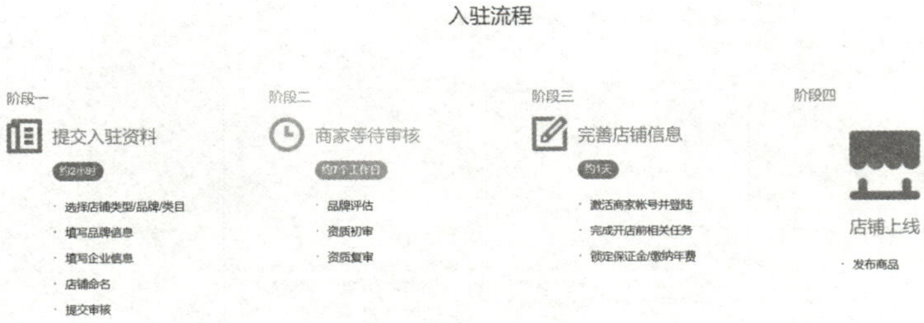

图 1-6 入驻流程

步骤 2　查询申请资格

若无法判断自己经营的商品应该申请天猫中的哪个类目及应该提供哪些资质，可以通过入口输入产品名称进行搜索。如输入关键字“茶”，单击“搜索”，就会弹出与“茶”相关的类目信息，如图 1-7 所示。根据产品特色进行选择，如白茶、绿茶、乌龙茶等。这里选择“绿茶”。

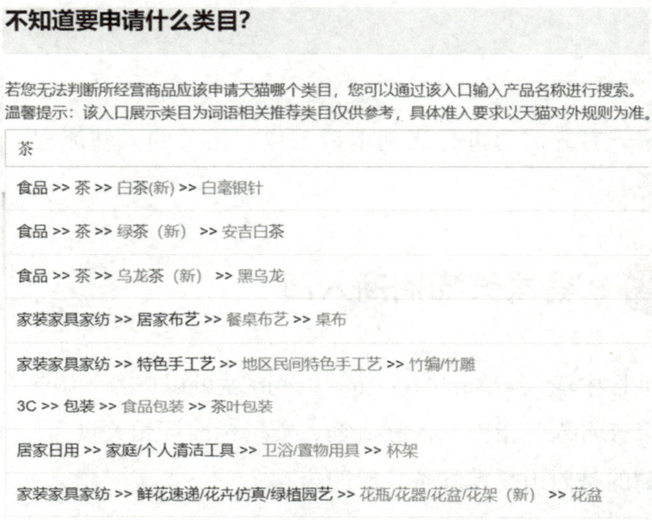

图 1-7　类别查询

选择经营的类目、店铺类型、进口类型即可看到对应的招商说明、招商入驻要求（如图 1-8 所示）及所需提交的资质列表（如图 1-9 所示），可以通过下载全部资质清单进行准备。上一步操作选择了“食品—茶—绿茶”，这里可以看到相关招商说明，例如乌龙茶、绿茶、黑茶、红茶专营店暂停接受入驻等。

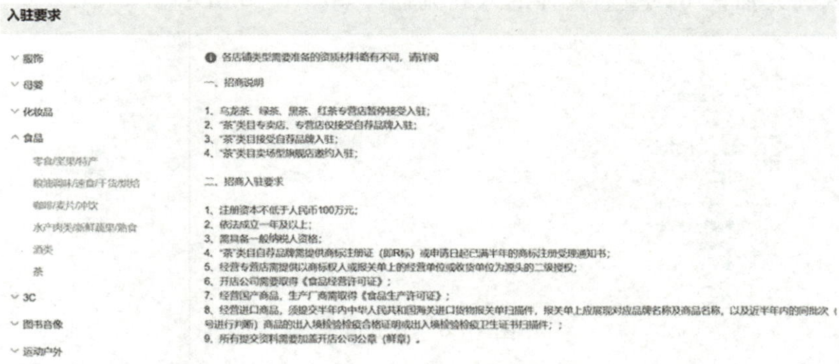

图 1-8　天猫食品—茶类目招商入驻要求

下载全部资质清单　　立即入驻

	企业资质列表（点击标题即可查看范例图或下载）	**详情**（复印件请加盖开店公司公章）
1	企业营业执照	需确保未在企业经营异常名录中且所售商品在营业执照经营范围内
2	法定代表人身份证正反面	
3	联系人身份证正反面	
4	一般纳税人资质	需具备一般纳税人资格

	品牌资质列表（点击标题即可查看范例图或下载）	**详情**（复印件请加盖开店公司公章）
1	商标注册证或商标注册申请受理通知书	若办理过变更、转让、续展，请一并提供变更、转让、续展证明或受理通知书；
2	独占授权书	1、若由商标权利人授权开设旗舰店，且商标权利人为境内企业，则需商标权利人注册品牌方企业工作台在线完成品牌认领及授权。若由商标权利人授权开设旗舰店，且商标权利人为个人或境外企业，需提供商标权人出具的独占授权书（如果商标权人为自然人，则需同时提供其亲笔签名的身份证复印件，如果商标权人为境外自然人，则需同时提供其亲笔签名的护照复印件）点此下载：中文版独占授权书模板。点此下载：英文版独占授权书模板。

	行业资质列表（点击标题即可查看范例图或下载）	**详情**（复印件请加盖开店公司公章）
1	《食品经营许可证》	

图 1-9　天猫食品—茶类目招商资质列表

步骤 3　准备相关资料

下载全部资质清单查看具体要求，准备相关的资质材料。选择的店铺类型不同，资质清单也是不一样的。商家可以根据自己情况查看，如图 1-10 所示。一般来讲，资质清单包括以下几个方面：一是企业资质，二是品牌资质，三是行业资质。

企业资质需要提供企业营业执照扫描件、银行开户行许可证扫描件、法定代表人身份证正反面扫描件、联系人身份证正反面扫描件。品牌资质需要提供品牌独占授权书。根据行业的不同提供的行业资质存在差异，例如茶行业的行业资质需要提供食品经营许可证等。

步骤 4　提交入驻资料

提交入驻资料的过程包括：选择店铺类型/品牌/类目、填写品牌信息、填写企业信息、店铺命名等，如图 1-11 所示。天猫本身有一些热招品牌，商家也可以推荐优质品牌给天猫，部分类目不限定品牌入驻。

	企业资质列表（点击标题即可查看范例图或下载）	详情（复印件请加盖开店公司公章）
1	企业营业执照扫描件	需确保未在企业经营异常名录中且所售商品在营业执照经营范围内
2	银行开户许可证扫描件	
3	法定代表人身份证正反面扫描件	
4	联系人身份证正反面扫描件	
5	商家向支付宝公司出具的授权书	点此下载：支付宝授权书。
6	一般纳税人资质	需具备一般纳税人资格

	品牌资质列表（点击标题即可查看范例图或下载）	详情（复印件请加盖开店公司公章）
1	由国家商标总局颁发的商标注册证或商标注册申请受理通知书扫描件	若办理过变更、转让、续展，请一并提供商标总局颁发的变更、转让、续展证明或受理通知书；
2	独占授权书	1、若由权利人授权开设旗舰店，需提供独占授权书（如果商标权人为自然人，则需同时提供其亲笔签名的身份证复印件）。 2、若商标权人为境内企业或个人，请下载中文版独占授权书。若商标权人为境外企业或个人，可选择下载中文版或英文版独占授权书。（如果商标权人为境内自然人，则需同时提供其亲笔签名的身份证复印件。如果商标权人为境外自然人，则需同时提供其亲笔签名的护照复印件）。点此下载：中文版独占授权书模板。点此下载：英文版独占授权书模板。

行业资质列表（点击标题即可查看范例图或下载）	详情（复印件请加盖开店公司公章）
暂无资质	

图 1－10　入驻天猫店铺需要的资质清单

图 1－11　提交入驻资料

应注意的是，同一主体开多家天猫店铺，店铺间经营的品牌及商品不得重复，一个经营大类下只能申请一家专营店。

此次实操选择“旗舰店—茶类目—咏萌品牌”。

这里特别强调，商家的天猫店铺名可能关联商家店铺会员名、商家店铺旺旺账号、商家店铺昵称（NICK）及店铺域名等天猫店铺相关识别要素，一旦生成，无法修改，有以下几种：

(1) 品牌名+(类目)+旗舰店，例如波司登旗舰店、三只松鼠旗舰店。

(2) 品牌名+企业字号+专卖店，例如乔丹专卖店。

(3) 企业字号+类目+专营店，例如博库图书专营店、文渊图书专营店。

单击“下一步”进入填写品牌信息流程，这是最关键的一步，如图1-12所示。根据实际情况填写商标注册人、商标分类、注册类型、商标注册有效期限，上传商标证，选择商品原产地。如果商家创建的是专卖或专营店，需要选择品牌方是否为“个人”，品牌授权方是否为“境内公司”，品牌授权方式是线上还是线下。上传品牌授权书。如果商家不是品牌方，要填写品牌授权链路。

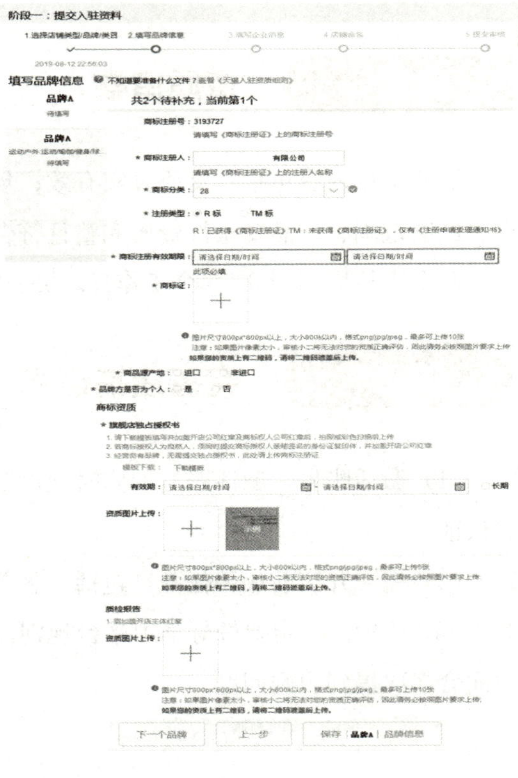

图1-12 填写品牌信息

授权链路填写方法为：如果品牌商为A公司，A公司授权给B公司（一级代理商），B公司授权给C公司（商家），则商家的品牌链路为：A（品牌商）→B（一级代理商）→C（商家）。依次填写A公司、B公司名称全称，C公司（即开店公司）名称会自动显示，不需要填写。若所经营的品牌商标持有人是个人，第一级授权链路则需填写个人的名字。填写完成提交后，进入审核阶段。

在审核阶段，主要由天猫完成入驻企业资质审核和品牌评估。

步骤 5 品牌评估

天猫会评估企业和品牌的实力以完成品牌评估，主要评估指标有：

（1）品牌定位：风格、受众群体、货单价。

（2）品牌经营实力：品牌成立时间，线下经营情况（门店近一年交易额、外贸出口额等）、淘宝或其他平台经营情况。

（3）品牌特色：原创设计师品牌，特色服务。

（4）企业实力：工厂、企业获奖、运营计划等特色信息。

当品牌实力满足天猫招商要求的时候，才有可能进入下一部审核。

步骤 6 资质审核

资质审核内容包括：资质真实有效；规模达到入驻要求；授权有效，链路完整；生产、经营范围、产品安全性资质完整且符合国家行政法规许可要求。

整个审核周期为 3～6 个工作日。资质审核通过，进入下一步完善店铺信息流程。

步骤 7 完善店铺信息

（1）激活账号，激活账号的同时须设置密码、填写手机号码及邮箱、完成支付宝实名认证。

（2）完成开店前相关任务，包括：签署协议；规则学习、考试；完善店铺信息，如图 1 - 13 所示。一定要好好学习平台规则，不要违反规则，以免受到平台处罚。本教材后面会多次提到规则问题。

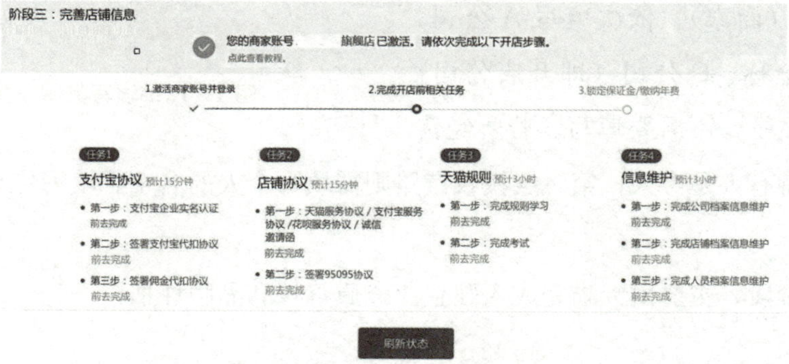

图 1 - 13 完善店铺信息

（3）缴费，确保支付宝内余额充足，请在 15 天内完成店铺保证金和软件服务年费的缴存。前面提到过，开设天猫茶类目旗舰店需要缴纳店铺保证金 5 万元、软件服务年费 3 万元，软件服务费费率为 2%。

步骤 8 店铺上线

店铺上线前发布规定数量的商品，不同类目要求的商品数量不同。服饰、箱包、运动户外需要发布 20 件，珠宝配饰需要发布 30 件，化妆品、家装家具家纺发布 10 件即可开店，具体的发布数量可以查询平台要求。商品发布成功后装修店铺即可上线，如图 1 - 14 所示，具体的发布流程本书后面会着重讲解。

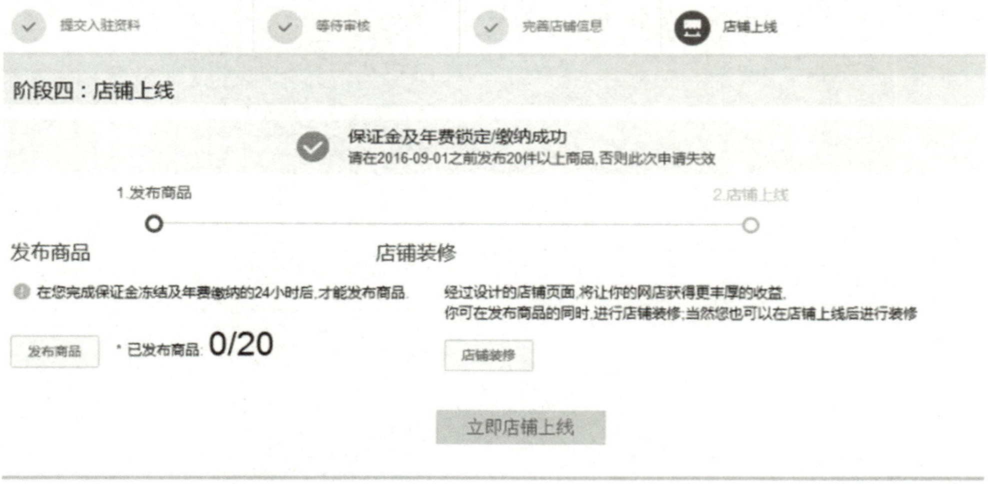

图 1 - 14　店铺上线

实践操作注意点

在确定开设网店后，商家应该明确定位，例如经营哪一个行业、售卖哪些商品、商品的渠道从哪里获取等，同时还要结合自身情况。只有前期定位明确，店铺申请才有针对性。开设淘宝店还是天猫店，针对具体行业才能准备相关入驻资料和入驻费用。

淘宝规定一个身份证在正常情况下可以开 2 家淘宝店铺，如果通过一个身份证已开设 2 家淘宝店铺，想要开设第 3 家淘宝店铺，已开的每个淘宝店铺都需要满足以下所有条件：

（1）店铺近365天确认收货金额大于等于120万元。

（2）近12个月中（自然月），3个月有交易成功记录。

（3）近365天内不存在严重违规，即B类的违规。

（4）近365天内不存在出售假冒商品违规，即C类的违规。

（5）近365天内一般违规扣分累计未达到12分及以上。

同一公司、同一品牌在天猫只允许开一家旗舰店、一家专卖店、一家专营店；允许不同公司针对同一品牌在天猫开设多家专卖店、多家专营店。

不论是做人还是做生意，基本原则就是诚实守信，开设网店不要欺骗消费者，谋取不义之财，答应顾客送礼品、好评返现之类的就要信守承诺，不要销售一些瑕疵品或者发一些质量不好的产品给消费者，只有从基础做起，把细节做好，维系好消费者，才会有更多的回头客，店铺才能长期经营下去。

任务练习

练习 1

任务名称：了解企业入驻不同平台的资质要求和入驻费用。

任务要求：查询茶叶销售企业入驻天猫、京东、拼多多、苏宁易购平台的资质要求和入驻费用，填写表格 1－1。

表 1－1　企业入驻不同平台的资质要求和入驻费用

序号	平台	资质要求	费用

练习 2

任务名称：掌握入驻淘宝个人店和天猫店的流程、费用、资质要求，分析其差异点。

任务要求：选取一类产品，完成入驻淘宝个人店和天猫店铺的流程，分析入驻的异同点，做成 PPT，并填写表格 1－2。

表 1－2　入驻淘宝个人店和天猫店的差异点

店铺	流程	费用	资质要求
淘宝个人店			
天猫店			

任务评价

任务评价详见表 1－3。

表 1－3　任务评价表

项目	学习态度（15%）	团队合作情况（15%）	步骤完成情况（30%）	汇报情况（25%）	出勤情况（15%）	综合评价
个人评分						
小组评分						
老师评分						
综合得分						

课证融通知识和技能训练

在“1+X”网店运营推广职业技能等级证书标准中，与本模块对应的内容有网店运营基础里面的模块一网店开设中的网店开设准备、网店申请与开通。

一、单选题

1. （　　）是一款移动电商购物 App，2013 年正式进军跨境电商领域。

A. 亚马逊（Amazon）　　B. 易贝（eBay）

C. 购物趣（Wish）　　D. 阿里巴巴全球速卖通（Alibaba Express）

2. 针对京东自营供应商的自营零售平台，其店铺类型为（　　）。

A. 旗舰店　　B. 京东自营店

C. 专卖店　　D. 专营店

3. 淘宝网个人开店要求年满（　　）周岁。

A. 18　　B. 16　　C. 20　　D. 12

4. 根据业务范围不同，B2B 电子商务平台可划分为综合型 B2B 和垂直型 B2B，以下属于垂直型 B2B 平台的是（　　）。

A. 中国化工网　　B. 慧聪网

C. 环球资源网　　D. 阿里巴巴网

5. 淘宝网的店铺类型有（　　）。

A. 旗舰店和专营店　　B. 个人店铺和专卖店铺

C. 个人店铺和企业店铺　　D. 企业店铺和旗舰店

6. 以下属于 B2C 电商平台的是（　　）。

A. 天猫　　B. 拼多多　　C. 淘宝　　D. 1688

7. 天猫店铺中以自有品牌或由商标权人提供独占授权的品牌入驻天猫开设的店铺是（　　）。

A. 专卖店　　B. 专营店　　C. 企业店　　D. 旗舰店

8. 针对国内网络零售市场，京东提供了（　　）类入驻平台。

A. 6　　B. 3　　C. 4　　D. 5

9. 商品定价的原则不包含（　　）。

A. 价格与价值相符合　　B. 符合市场商品供需规律

C. 追求极限利润原则　　D. 考虑商品市场竞争状况

10. 国内平台支付环节遇到的问题，通常由（　　）、客户因素、支付手段因素组成。

A. 卖家因素　　B. 平台因素

C. 不可抗力因素　　D. 第三方因素

11. 消费者访问网店的形式有主动式访问和（　　）两种。

A. 邀请访问　　B. 直接访问　　C. 间接访问　　D. 被动式访问

二、多选题

1. 商品定价要考虑的因素有（　　）。

A. 活动因素　　B. 市场竞争

C. 商品款式划分　　D. 商品成本因素

2. 商品定价要掌握的原则是（　　）。

A. 不亏本原则　　B. 销量为王原则

C. 超低价原则　　D. 高性价比原则

3. 品牌企业的货源渠道主要包括（　　）。

A. 品牌代理　　B. 自建工厂　　C. 工厂代工　　D. 网络平台进货

4. 商品选款即企业根据目前市场需求变化情况，确定市场需求商品基本的类目、风格、规格、型号等。商品款式划分主要有（　　）。

A. 活动款　　B. 利润款　　C. 引流款　　D. 形象款

5. 针对拼购兼社交渠道“玩家”的京喜平台，店铺类型有三种，分别是（　　）。

A. 自营店　　B. 旗舰店　　C. 专营店　　D. 专卖店

6. 针对国内网络零售市场，京东提供了三类入驻平台，分别是（　　）。

A. 京喜拼购平台　　B. C2B 拼团平台

C. 自营零售平台　　D. 第三方零售平台

7. 个人创业货源渠道主要包括线下进货和线上货源两种方式。其中，线上货源又包括（　　）两种。

A. 网络平台进货

B. 原始设备制造商（ODM）

C. 网络代理货源

D. 购进外贸产品或原始设计制造商（OEM）产品

8. 客户分为忠诚客户和流失客户，以下选项属于流失客户的是（　　）。

A. 经济能力有限，但对本店产品很热衷

B. 尚未流失，但不太热情

C. 消费能力强，但很久没来过

D. 近期新客户，购物频繁，消费能力强

9. 针对 POP 商家的第三方零售平台，店铺类型有（　　）。

A. 旗舰店　　B. 自营店　　C. 专营店　　D. 专卖店

10. 个人创业货源渠道主要包括线下进货和线上货源两种方式。其中，线下进货方式包括（　　）等。

A. 网络平台进货　　B. 网络代理货源

C. 批发市场进货　　D. 厂家直接进货

三、判断题

1. 若要了解商家缴纳的保证金情况，可以在店铺前台店铺名称处查看。（　　）

A. 正确　　B. 错误

2. 经营淘宝网店，除了相关身份实名认证外，在经营的过程中，根据品类的不同还会涉及其他资质的提交，例如品牌资质、行业资质等。（　　）

A. 正确　　B. 错误

3. 在淘宝店铺，当店铺经营的商品属于食品，二类医疗器械，种子、种苗，农药，兽药，图书/音像，宠物，教育，装修服务等类目的时候，一般需要提交特种资质备案，特种资质可能包括营业执照、其他生产经营许可。（　　）

A. 正确　　B. 错误

4. 仅通过网络开展经营活动的平台内经营者申请登记为个体工商户的，可以将网络经营场所登记为经营场所，将经常居住地登记为住所，其住所所在地的县、自治县、不设区的市、市辖区市场监督管理部门为其登记机关。同一经营者有两个以上网络经营场所的，应当一并登记。（　　）

A. 正确　　B. 错误

四、实践操作题

微　课

注册个人资金账号

学生登录“1+X”网店运营推广考证平台，选择“网店运营基础实训”课程，与本模块对应的实训操作是模块 1 店铺注册及认证，通过淘宝平台实践操作与考证平台实训的练习，加深了解店铺入驻的流程，掌握店铺入驻的技能点，真正做到课证融通。

根据二维码讲解，完成“1+X”网店运营推广考证平台“网店运营基础实训”课程模块1店铺注册及认证，主要包括以下任务：

★ 注册个人资金账号。

★ 注册个人卖家账号并绑定资金账号。

★ 注册个人卖家账号并认证。

★ 注册企业资金账号。

★ 注册企业卖家账号并绑定资金账号。

★ 注册企业卖家账号并认证。

项目 2　网店商品发布

学习目标

◆ **知识目标：** 掌握商品发布流程、发布要点等应用知识，掌握网店运营推广（初级）证书考试中与网店基础操作相关的知识。

◆ **能力目标：** 能够熟练掌握农产品网店商品发布，并灵活把握要点；能够举一反三完成其他类商品在淘系网店的商品发布；能够独立完成网店运营推广（初级）证书考试中的商品上传与维护实训。

◆ **素养目标：** 培养团队协作精神，锻炼沟通表达能力，培养做事严谨认真的态度，养成精益求精的做事风格，激发学生将所学知识用于“返乡创业”的使命担当。

知识结构

- 网店商品发布
  - 理论知识1
    - 知识点1 前台功能布局
    - 知识点2 后台功能介绍
  - 理论知识2
    - 知识点1 淘宝网违规处理规范
    - 知识点2 常见的违规行为
    - 知识点3 商家违规行为处理
  - 实践操作
    - 任务讲解
      - 步骤1 选择商品所属类目
      - 步骤2 填写商品基础信息
      - 步骤3 填写销售信息
      - 步骤4 填写物流信息及支付信息
      - 步骤5 进行图文描述
      - 步骤6 填写售后信息
    - 任务练习
    - 任务评价
  - 课证融通知识和技能训练
    - 理论　网店基础操作　商品上传与维护
    - 实操　商品上传与维护

素养园地

党的二十大报告明确指出，“全面推进乡村振兴”，“加快建设农业强国”，“坚持农业农村优先发展”，“巩固拓展脱贫攻坚成果”。实施乡村振兴战略是传承中华优秀传统文化的有效途径。在打赢脱贫攻坚战、实现乡村振兴的过程中，农产品网店的蓬勃发展，为农产品架设了流通新平台，帮助农民拓宽了优质农产品销路，打通了脱贫地区农产品生产、流通的难点和堵点，壮大了一批有地域特色的主导产业，打造了一批影响力大的特色品牌。同时，越来越多的大学生返乡创业，联手电商平台助力乡村振兴扎实落地，为实现全面乡村振兴注入新时代青年力量。

思考　如何在电商平台发布碧螺春产品？需要注意哪些细节？

理论知识 1 了解平台前后台功能

任何事物都离不开环境，熟悉环境是开展工作的前提条件，传统商务运营需要熟悉传统的经营环境，例如经营商品市场、竞争对手情况，自己生产、销售情况，直销、经销、代销情况及消费者情况，还包括进驻商场的费用。同样，电子商务运营也需要了解网络环境，而店铺运营就需要了解整个网络平台的情况，这包括网络平台的各项规则，平台的前台（电脑端、移动端）首页、类目页、店铺、商品详情页布局，每块布局包括什么内容，前后台功能对应关系，等等。准确地掌握店铺展示、功能环境，是做好网店运营的基础条件。当然，平台不同，其内容与功能展示各有差异，但大体趋于相同。

知识点 1 前台功能布局

与以往相比，近两年店铺运营变化最大的就是伴随移动电商的高速发展，移动端地位已然成为网店运营的核心，移动端前台内容布局、后台功能介绍成为网店运营必须熟悉的部分。下面以手机淘宝首页、搜索页及详情页展开介绍。

1. 手机淘宝首页

微课

手机淘宝首页布局

打开手机淘宝，淘宝 App 前台结构主要包括以下几个部分：搜索框、淘宝官方频道、首页焦点图、商家活动区、特色内容频道推荐区、猜你喜欢、底部栏目，如图 2－1 和图 2－2 所示。

搜索框主要是帮助客户快速搜索使用。客户在搜索框除了可以使用日常商品关键字查找商品，也可以使用聚划算、淘金币、淘抢购等关键字进入相关频道；除了可以输入文字搜索，还可以拍照搜索、选择图片搜索。

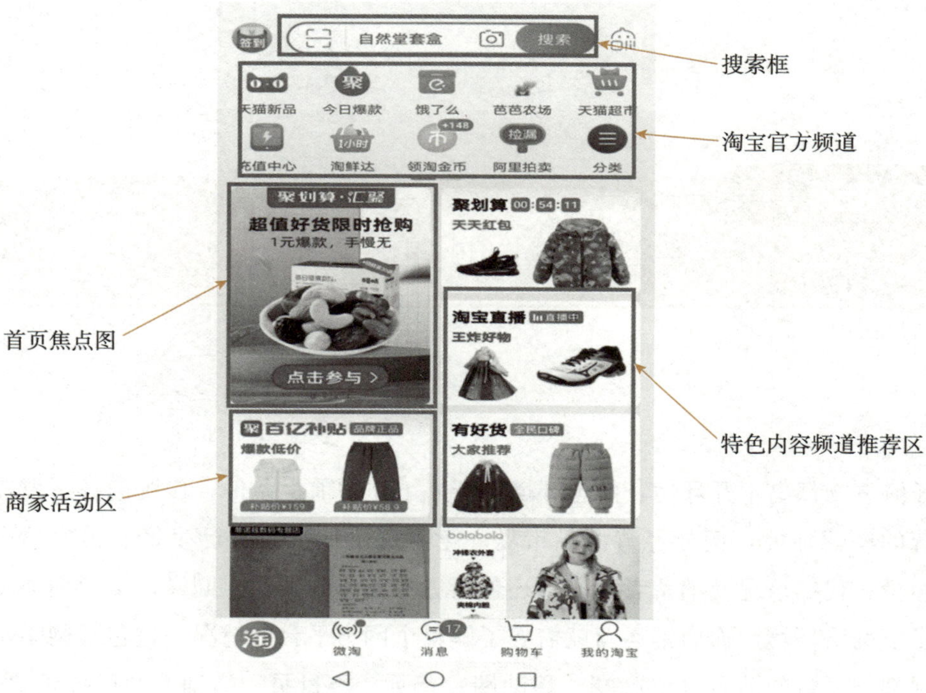

图 2－1　手机淘宝首页 1

图 2－2　手机淘宝首页 2

（1）淘宝官方频道主要包括天猫新品、今日爆款、饿了么、天猫超市、淘鲜达等官方重要频道，是淘宝体系重要的栏目频道。通过这些频道的排序和变化，可以观察到淘系平台及阿里巴巴对各个栏目的重视度，重点关注各个频道的内涵，有助于日后网店运营。天天特卖、淘抢购、U 先试用等在首页未展示的频道，客户可以通过搜索框搜索进入。

（2）首页焦点图可以轮播展示四张图片，主要是官方投放活动信息和商家付费推广信息的区域。之所以被称为焦点图，就是因为这个位置曝光量大，能吸引客户关注，是商家付费广告投放的必争之地。四张图中，第一张主要是天猫活动展示，其他三张展示商家付费商品。

（3）商家活动区是官方常规活动的流量入口，主要包括百亿补贴、天天特价等。

（4）特色内容频道推荐区主要是淘宝直播、有好货、每日好店等频道的入口，这是目前推动淘宝内容化、社区化运营的主要阵地，商家或者达人相应内容如果表现突出，都会被推荐在此区域。淘宝直播以长视频的方式展现，时间从几十分钟到几个小时不等，导购的商品量从几个到上百个不等，在一定时间内由主播对商品进行试用和讲解，并且通过发放优惠券和抽奖等形式与观众实时互动。淘宝直播是以主播为导向的，粉丝往往因为喜欢主播而收看直播，不仅仅因为商品或者讲解的内容。有好货定位的主要是具有中高消费力的用户人群，其内容基本来自 50%的达人媒体机构和 50%的官方小二的审核，内容形式主要以单品推荐和清单为主，主要适合一些小众品牌、设计风格强、创意感强、大品牌奢侈品的限量款、海淘商品等。

（5）猜你喜欢在非搜索浏览场景下展现，将客户和商品分别打标后进行匹配，再由平台主动分配，平台会根据季节变换及大数据反映出来的客户消费偏好变化切换流量，将最符合客户需求的商品展现在客户眼前。猜你喜欢既有平台从自然商品筛选出的普通商品，也有商家通过付费推广的商品，其前提都源于该类商品打标与客户的匹配度及该商品在该频道的表现人气情况，因此是商家进行流量竞争的重要入口。

（6）底部栏目主要包括首页、逛逛、消息、购物车、我的淘宝。逛逛就是之前的微淘，已经成为部分客户经常网购“逛街”的地方，对于商家而言，要争取客户成为粉丝，利用微淘吸引客户购买是一个不错的途径。

值得强调的是，不管是移动端还是电脑端，每个客户的淘宝首页显示的具体内容都是不一样的，这些内容是淘宝根据客户的搜索习惯和购买记录推荐的，即体现了淘宝的千人千面。

天猫首页相对淘宝首页来讲，更加强调品牌店铺及品牌商品的展示，天猫的大型活动也会定期在天猫首页显示出来。

2. 手机淘宝搜索页

微 课

手机淘宝搜索页和详情页布局

手机淘宝搜索页在淘系前台的地位仅次于首页，因此运营人员必须掌握搜索页的相关知识。

手机淘宝搜索页主要包括主搜索框、店铺按钮区、品销宝广告展示区、商品属性筛选区、商品展示区等，如图 2－3 所示。

图 2－3　手机淘宝搜索页 1

（1）店铺按钮区固定有全部、天猫、店铺、经验四个选项，分别对应的是淘系平台所有宝贝的搜索结果、天猫店铺宝贝搜索结果、淘系平台所有店铺搜索结果及内容分享。除此之外，根据搜索产品参加的活动不同，还会展示不同的选项，例如搜索“三只松鼠”，会展示便宜好货选项；搜索“巴拉巴拉”，会展示店铺的上新及特卖选项。在淘宝经验中，客户可以看到和自己搜索的商品或者品类相关的内容，涵盖评测、搭配心得、种草推荐等多种导购图文和短视频内容，辅助购买决策。这些内容是达人微淘号、商家微淘号、天猫“种草猫”、品牌号及部分小红书等来源的内容。由此可以发现淘系平台对内容的重视度，对于商家而言，如何利用淘宝经验增加曝光也是需要商家思考的。

（2）品销宝广告展示区是针对有实力、有名气、有影响力的店铺而推出的服务，店铺想拥有更高的展示率，拥有更好的展示位置，就要不断优化出价系数。

（3）商品属性筛选区有综合（包括综合、信用、价格降序、价格升序）、销量、综合筛选框（包括品牌、折扣服务、价格区间、发货地等）。搜索结果可以按销量、价格、发货地等进行排序，可以看到客户接受的价格范围占比。

（4）商品展示区主要展示的是按淘系平台搜索规则展示的宝贝排序。在宝贝综合搜索结果中，参与直通车广告的商品会以图片左上角标有“HOT”、标题价格下标有“广告”的形式出现，如图 2－4 所示。

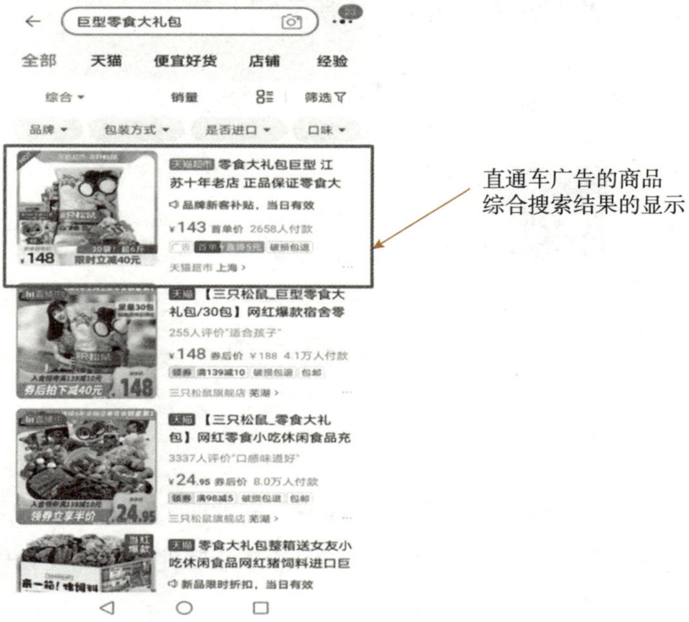

图 2－4　手机淘宝搜索页 2

而在宝贝销量搜索结果中，参与直通车广告的商品会以左上角有“皇冠”标志、标题价格下标有“广告”的形式出现，如图 2－5 所示。

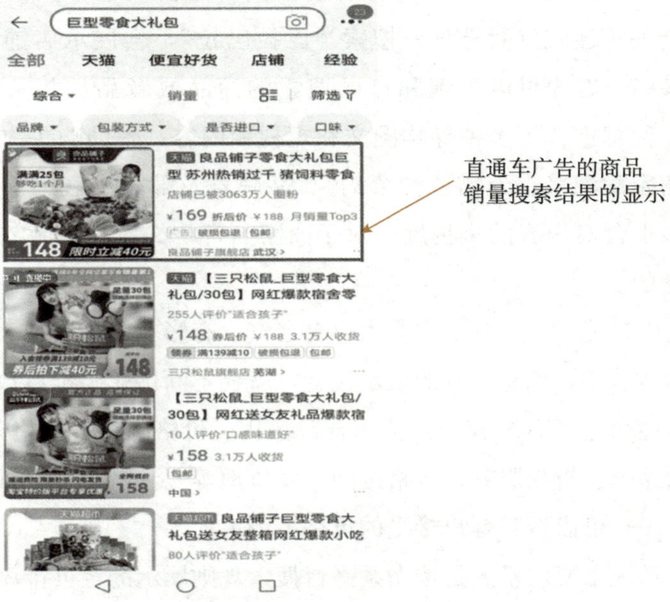

图 2－5　手机淘宝搜索页 3

在搜索结果页可以看到每件商品的主图、标题、店铺类型、原价、优惠价格、参与的活动、商家名称、付款人数等，如图 2－6 所示。

图 2－6　手机淘宝搜索页 4

3. 手机淘宝详情页

手机淘宝详情页主要分为宝贝、评价、详情、推荐四个部分，如图 2－7 所示。

（1）宝贝部分主要展示的是商品的视频、图片、活动促销情况及具体参数属性，通过这个部分客户可以对商品有个初步认识。

（2）评价主要以宝贝标签属性的形式展示已购买客户给予商品的各种评价，这是客户比较关注的部分。商家必须随时查看客户评价，引导客户做出真实评价，针对客户的评价进行追评。

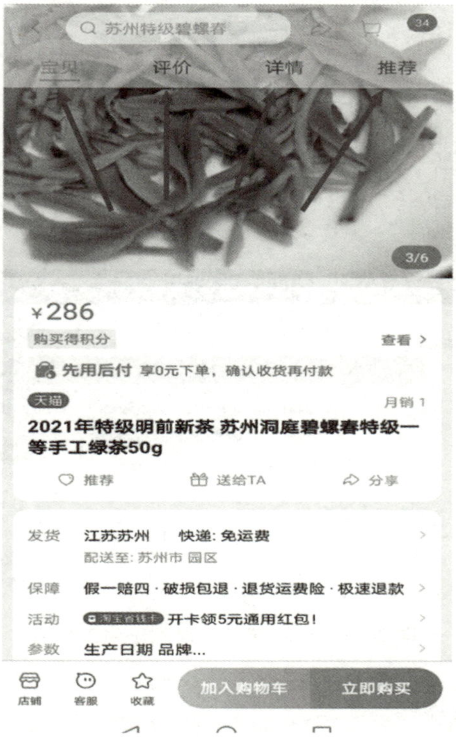

图 2-7 手机淘宝详情页

（3）详情及推荐部分，分别展示的是宝贝详情和系统给予的同类宝贝推荐。宝贝详情要展示商品的焦点图、信息描述、卖点、物流及售后信息、温馨提示等，便于客户全方位了解商品。

知识点 2 后台功能介绍

千牛是阿里巴巴官方出品的卖家一站式工作台，分为电脑端和移动端两个版本。其核心是为商家整合店铺管理工具、发布经营资讯消息、维护商业伙伴关系，借此提升商家的经营效率，促进彼此间的合作共赢。千牛让商家可以更加便捷和高效的管理店铺，是商家店铺运营中必不可少的工具。

为了让商家能够更便捷、更顺畅的在淘宝经营店铺，提升商家操作体验和运营工作效率，淘宝后台卖家中心已经进行了全新升级，与千牛工作台进行融合统一，对经营数据、待办事项、活动报名、信息浏览做了全面优化，可为商家带来更好的服务体验。这里我们主要讲解电脑端千牛工作台和移动端千牛工作台的各项功能及应用。

1. 电脑端千牛工作台

打开电脑端天猫商家千牛工作台，其主要功能便展现无余，主要包括商家中心首页看板、左侧导航区，如图 2 - 8 所示。

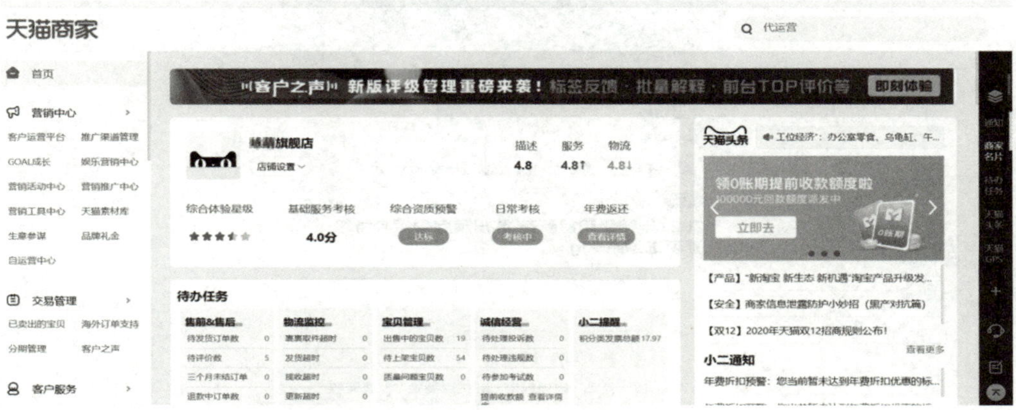

图 2 - 8　电脑端天猫商家千牛工作台

（1）商家中心首页看板。

天猫店铺和淘宝店铺的商家中心首页看板稍有差别。图 2 - 9 为天猫店铺商家中心首页看板，主要显示天猫官方考核指标和待办任务。图 2 - 10 为淘宝店铺商家中心首页看板，主要显示待办任务和我的应用，相对比较简单。这里我们重点介绍天猫店铺商家中心首页看板。

图 2 - 9　天猫店铺商家中心首页看板

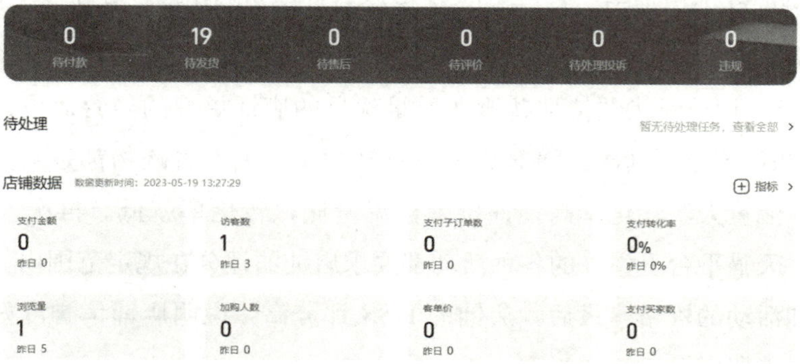

图 2-10 淘宝店铺商家中心首页看板

➢ 天猫官方考核指标

天猫店铺商家中心首页看板的天猫官方考核指标包括店铺评分、综合体验星级、基础服务考核、综合资质预警、日常考核、年费返还和店铺设置，如图 2-11 所示。

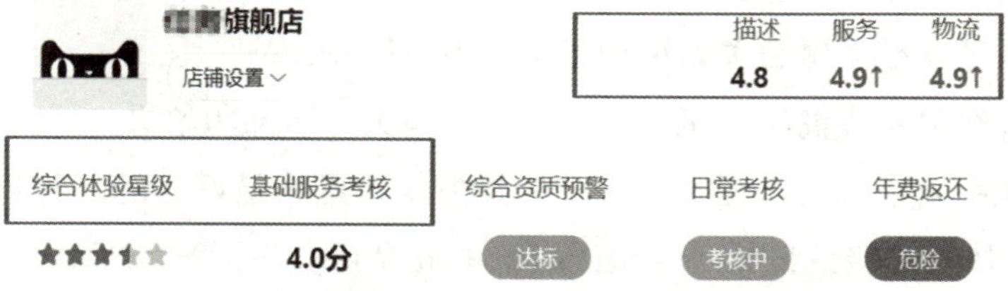

图 2-11 天猫店铺商家中心首页看板的官方考核指标

1）店铺评分即 DSR 评分，主要是消费者对商家商品描述相符度、服务态度、物流服务三项服务的评分。消费者在店铺购买商品结束后，可以在购买后台对相应商品的三个指标进行五星评价，平台会结合商家近 6 个月（180 天）的评价情况计算出综合得分，当商家 DSR 得分在平均水平以上，店铺上会显示飘红的五星标记，否则会显示飘绿的五星标记，如图 2-12 所示。一般而言，当店铺指标长期处于 4.6 分（类目有所差别）以下时商家会被平台清退。

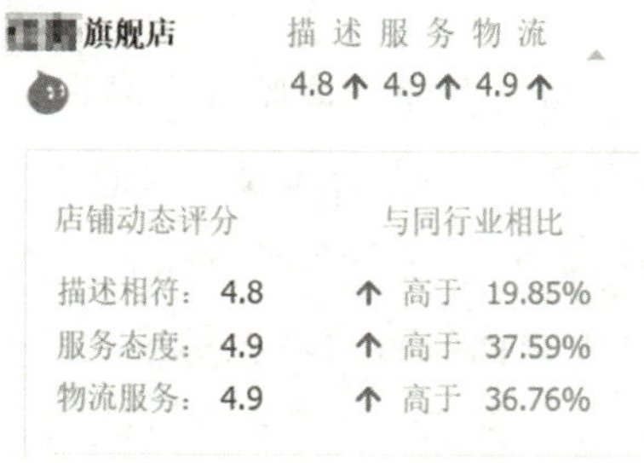

图 2-12 商家中心首页看板的 DSR 评分

DSR 评分的好处体现为：首先，DSR 评分会直接影响店铺搜索排名，DSR 评分高，店铺排名就是靠前的，这样消费者就能够优先看到该店铺，店铺有更大可能卖出商品。天猫平台的 DSR 评分是为扶持那些服务质量优异的店铺更好的经营而设计的，因此店铺应该注重 DSR 评分。其次，DSR 评分影响转化率，消费者购物都是很关注店铺评价的。评价好，流量大，转化率高；评价差，流量低，转化率就低。再次，DSR 评分影响活动报名。天猫平台上举办的各种活动都要求店铺的评分在规定范围内，否则店铺就没有报名参加活动的资格。最后，店铺的 DSR 评分高，说明店铺信誉度好，品牌实力强，会更吸引消费者。

2）综合体验星级是由系统在后台依据商品体验、物流体验、售后体验、纠纷投诉、咨询体验和特色服务六大指标计算而出的综合得分。

从某种意义上来讲，综合体验的星级评定对于商家的运营会起到越来越重要的作用。它不仅表现在消费者购物时对店铺的第一印象上，更体现在对商家整体运营理念产生的影响。它需要商家优化上下游团队的组成，从前端的商品采购、供应链到中后段的客服、物流等环节，整体融合关系更加紧密，不再散点作战。

综合体验星级显示在商家手机淘宝首页、详情页、店铺印象页。

综合体验星级目前分为 3 星～4.5 星，其中 4.5 星为最好，随后依次为 4 星、3.5 星、3 星，综合体验星级认证为 4.5 星的店铺的商品可获得天猫无忧购标志。该标记分别展示在商家手机淘宝首页（见图 2－13）、详情页、店铺印象页等位置，以方便消费者辨识。该星级每月 1 日和 16 日进行考核和认证。星级上线后，原无线店铺 DSR 动态评分呈现会逐步淡化，不再“飘红飘绿”。

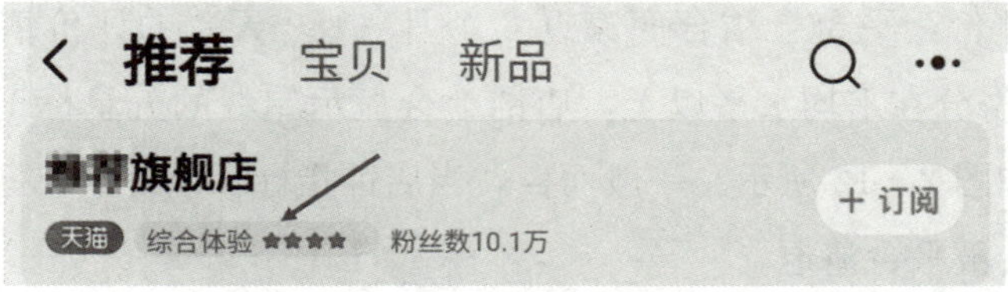

图 2－13　商家手机淘宝首页

3）基础服务考核是指结合商家在商品体验（商品评价）、物流体验（揽收及时率/物流评价）、咨询体验（旺旺回复率）、售后体验（仅退款自主完结时长、退货退款自主完结时长）、纠纷投诉（纠纷退款率）五个维度指标的单项表现，综合计算得出基础服务考核分。基础服务考核分是天猫商家日常考核标准之一，该指标采取月度考核模式，考核期内累计多次不达标的，商家将不能在平台继续经营，例如食品类的日常考核标准如图 2－14 所示。基础服务考核分应用于营销活动报名，商家须符合所在主营类目的基础服务考核分要求，才能报名参与天猫、淘宝官方营销活动，其标准如图 2－15 所示。基础服务考核分还是年费返还标准之一，能够有效地帮助和激励商家提升店铺商品及服务品质，提高商家综合运营能力。

天猫经营大类	一级类目	二级类目	基础服务考核		店铺销售额目标（元）（≥）
			基础服务考核分目标（≥）	累计不符合基础服务考核分目标的月数（<）	
食品	零食/坚果/特产	新鲜蛋糕/低温糕点/短保烘焙	2.1	<6	100,000
		其他二级类目	2.2	<6	150,000
	酒类		2.4	<6	100,000
	茶		2.4	<6	100,000
	咖啡/麦片/冲饮		2.2	<6	100,000
	粮油调味/速食/干货/烘焙		2.2	<6	100,000
	水产肉类/蛋类/新鲜果蔬/冰淇淋	新鲜水果	2.1	<6	150,000
		新鲜蔬菜/蔬菜制品	2.1	<6	150,000
		生肉/肉制品	2.1	<6	150,000
		冰淇淋/冻品	2.1	<6	150,000
		海鲜/水产品/制品	2.1	<6	150,000
		蛋/蛋制品	2.1	<6	150,000
		半成品菜	2.4	<6	100,000
		其他二级类目	2.1	<6	100,000

图 2－14　天猫商家日常考核标准

大类	一级类目	二级类目	基础服务考核分（>=）
	咖啡/麦片/冲饮	/	2.8
	粮油米面/南北干货/调味品	/	2.8
	茶	/	2.8
	酒类	/	2.6
	零食/坚果/特产	新鲜蛋糕	2.7
		其他二级类目	2.7

图 2－15　天猫营销体验考核指标基础服务考核分的达标标准

淘宝商家也有对应的淘宝官方考核指标，显示在千牛工作台的右上角，点开后显示如图 2－16 所示。

淘宝商家的官方考核指标相对简单，主要通过 DSR 评分来进行考核。淘宝店铺中，DSR 评分是淘宝店铺动态评分。淘宝店铺动态评分是指在淘宝网交易成功后，买家可以对本次交易的卖家进行三项评分：宝贝与描述相符、卖家的服务态度、物流服务的质量。

每项店铺评分取连续 6 个月内所有买家给予评分的算术平均值（每天计算近 6 个月之内的数据）。只有使用支付宝并且交易成功的交易才能进行店铺评分，非使用支付宝的交易不能评分。

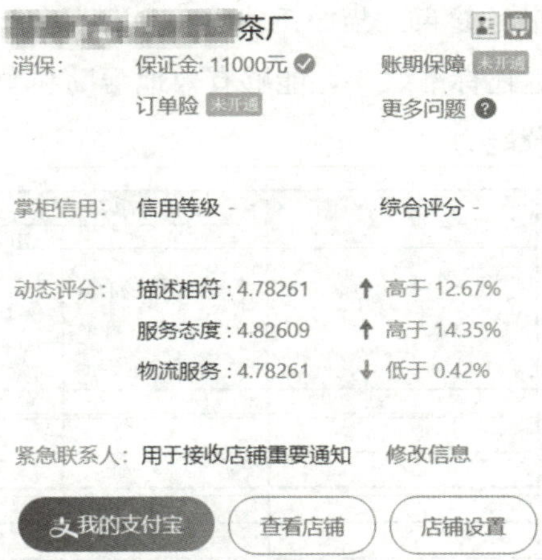

图 2-16　淘宝商家官方考核指标

➢ 待办任务区

待办任务区主要显示商家目前的售前和售后、物流监控、宝贝管理、诚信经营、小二提醒等情况，这些都是商家日常交易应该关注的内容。值得一提的是，天猫商家的诚信经营情况需要商家尤为关注，这里涉及待处理投诉、待处理违规等。图 2-17 为天猫店铺的待办任务，图 2-18 为淘宝店铺的待办任务。

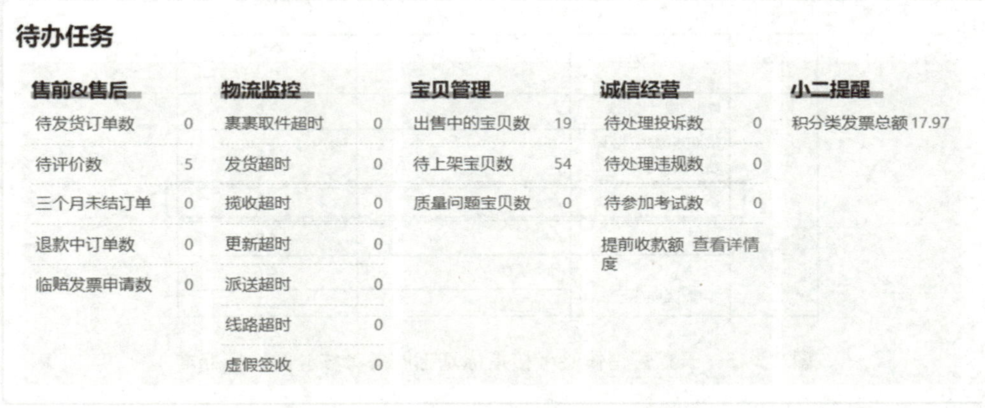

图 2-17　天猫店铺的待办任务

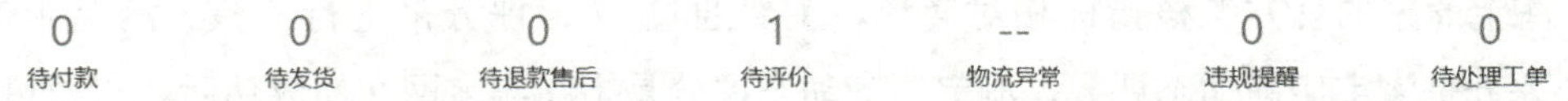

图 2-18　淘宝店铺的待办任务

天猫商家中心首页看板除了上面几项外，还有营销服务、服务能力、商品运营、用户运营等功能。通过营销服务选项卡可以查看天猫近期举办的活动，本店铺是否有资格参加以及已经参加了哪些活动；通过服务能力选项卡可以查看最新的综合体验星级、基础服务考核分以及考核的标准；通过商品运营选项卡可以查看访客数、客单价、转化率等数据，商家通过数据分析，可以优化商品运营方案；通过用户运营选项卡可以查看新客数、老客数等相关数据，进一步制定新客及老客流量策略。

通过天猫商家中心首页看板还可以查看日常考核情况，即：当月的销售规模和基础服务考核情况；生意参谋中的实时概况、行业排名、竞店流失、行业排名等概况；店铺资金情况、店铺诊断情况；等等。总之，商家中心首页看板区是店铺各项经营情况的总览，商家通过这些窗口可以迅速掌握店铺概况。

（2）左侧导航区。

左侧导航区中的栏目是商家日常经营最常用到的，主要包括营销中心、交易管理、客户服务、店铺管理、宝贝管理、货源中心、物流管理等。天猫店铺商家和淘宝店铺商家的左侧导航栏差异不大。

1）营销中心，主要包括客户运营平台、营销活动中心、营销推广中心、营销工具中心、自运营中心等功能，如图 2－19 所示。

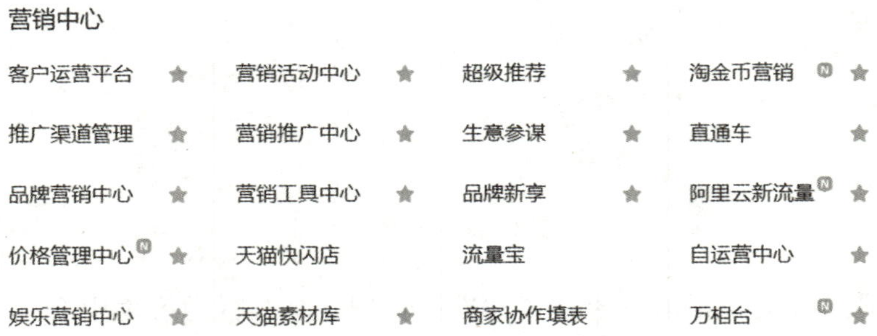

图 2－19　营销中心

客户运营平台主要用于客户管理、会员管理和运营计划管理。通过客户管理可以查看兴趣人群、新客户人群、复购人群的访问人数以及昨日访客数、昨日成交情况；通过会员管理可以查看当前会员人数、给会员发放优惠券、设置会员等级等；通过运营计划管理可以进行短信营销、复购提醒、特定场景营销等。

在营销活动中心可以报名各类活动，如双 11、618 官方大促，数码家电、天猫母婴、天猫家电等各个行业活动，聚划算、百亿补贴、天天特卖等活动。

营销推广中心是商家店铺上线后进行流量推广的各种手段入口，包括超级推荐、直通车、钻石展位、淘宝客等。

在营销工具中心，商家可以获得在日常经营或者活动中用于店铺促销活动的各种工具，包括优惠券、店铺宝、单品宝、搭配宝等。

自运营中心是近几年随着客户移动化、内容化需求提升，淘系平台推出的助力商家真正从流量运营走向人群运营的商家私域运营工具，商家可以通过淘宝群、专属客服、微淘、淘宝直播等触达客户，如淘宝直播、有好货、每日好店等都是这部分内容运营的结果。

总之，通过这里打开对应的各项功能，商家不仅可以应用各项功能，还可以查看各项功能应用的效果分析，这些功能是店铺日常运营中开展推广、促销的部门要经常使用的。

2）交易管理主要包括已卖出的宝贝、评价管理、海外订单支持、分期管理、客户之声等功能，如图 2－20 所示。商家据此可以掌握已卖出的宝贝情况，管理客户评价、分析客户的店铺反馈情况等，这些部分功能主要是客服人员尤其是售后客服人员经常用到的。

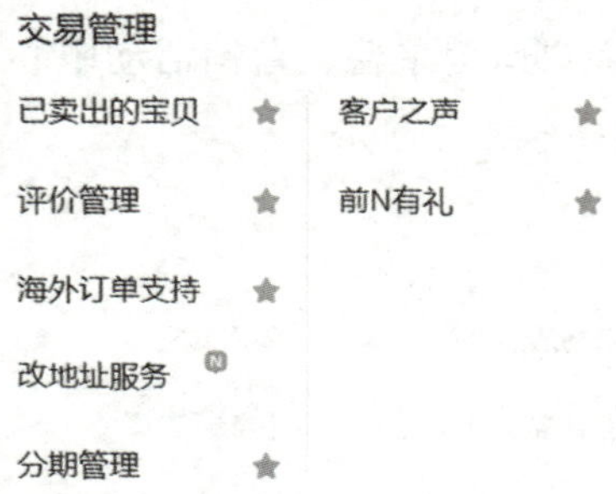

图 2－20　交易管理

3）客户服务主要包括阿里店小蜜、投诉管理、恶意行为投诉中心、发票管理等，如图 2－21 所示。这些栏目主要是对客户投诉管理、售后管理各项功能的展示，这部分也是客服人员需要经常维护管理的，尤其是退款售后管理、恶意行为投诉中心等功能都值得商家关注。

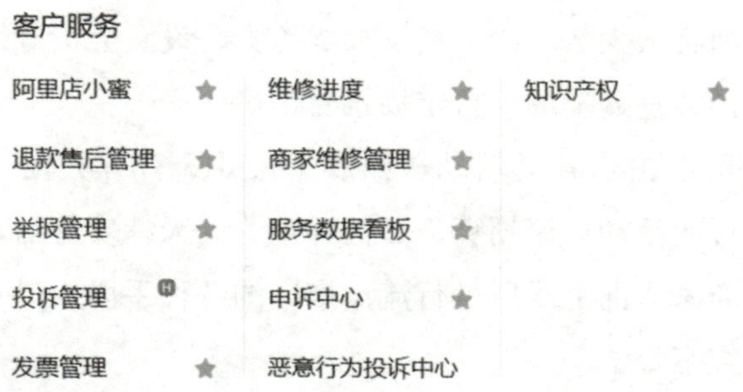

图 2－21　客户服务

阿里店小蜜是针对买家的智能客服机器人，最重要的功能就是快捷回复。店小蜜的推出大大提高了客服人员的工作效率，同时让客服人员有更多的时间去做更重要的事。

恶意行为投诉中心从满足商家深层痛点与需求角度出发，是由淘宝平台精心研发打造的一款超级型恶防工具，主要用来打击恶意行为，保护卖家免受不良评论的影响。

4）店铺管理主要包括子账号个人信息管理、店铺基本设置、品牌类目管理、店铺装修、主图优化、账房、店铺品质管理等功能，如图 2－22 所示。

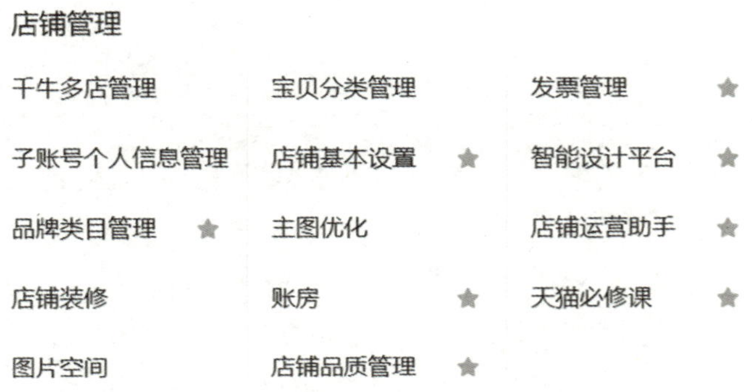

图 2－22 店铺管理

子账号个人信息管理的主要功能是店铺负责人对参与店铺管理的各个人员进行账号分配、权限划分操作。账号设置完成后，对应的美工、客服、运营等人员可以用子账号登录，并进行相应的功能操作，避免越权操作、互相干扰。同时，子账号个人信息管理还可以对子账号登录设置安全认证、对离职员工进行登记处理，尤其是对客服工作人员进行分流设置、聊天记录查询等。

店铺基本设置的主要功能是对店铺名称、标志、店铺简介、经营地址、主要货源进行管理与设置。店铺名称在申请时已经确定，所以不能更改，其他内容都是店铺申请成功后需要进一步完善的，相对比较简单，不再详细介绍。其中，填写店铺简介时需要注意，商家应尽量在简介中填写上自己的品牌名称、主要经营产品，如图 2－23 所示，方便客户在前台搜索店铺时查找。

在品牌类目管理下可以查看目前店铺申请授权的品牌。一般而言，店铺在申请之初已经确定了一个主营类目，当商家需要启用多个类目的时候可以在此处添加，商家在发布宝贝时也只能发布对应类目的宝贝，并非店铺申请成功后可以任意发布各个类目的商品。

在日常的店铺运营过程中，有些商家往往不知道什么样的图片能被“猜你喜欢”官方审核通过，也不知道什么样的图片更容易被消费者接受，更不用说如何提高点击率和转化率了。商家利用主图优化功能就能够很好地进行图片优化。

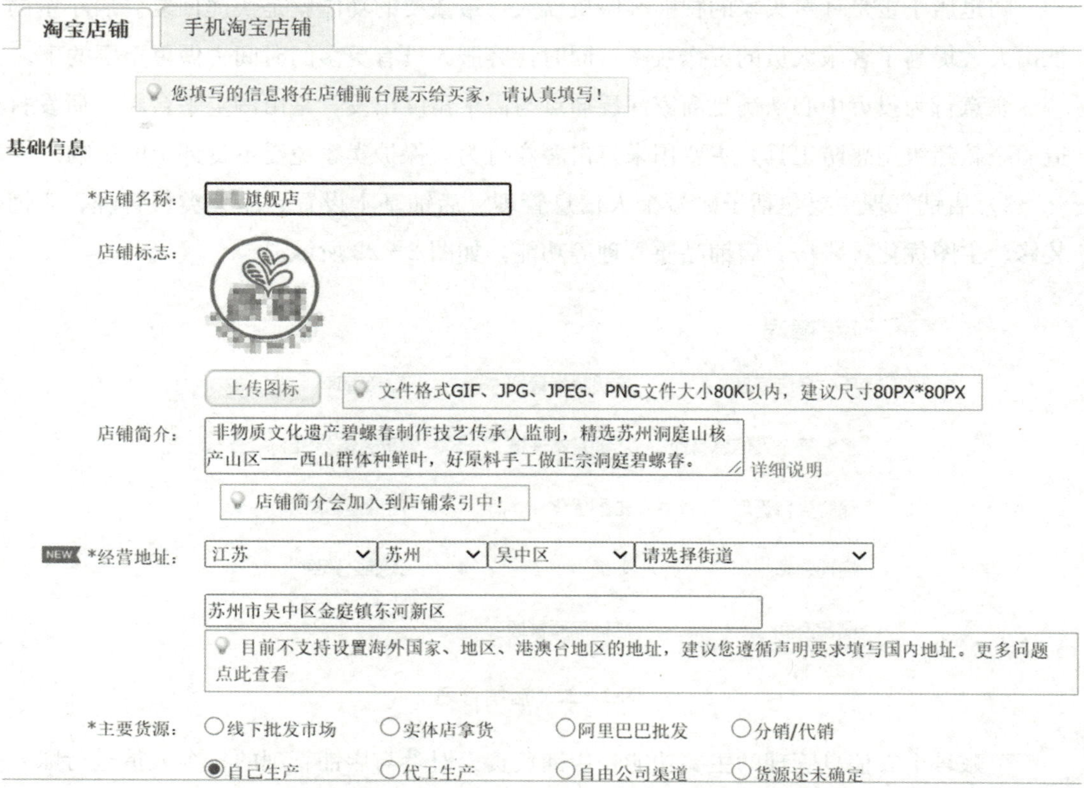

图 2-23　店铺基本设置

5）宝贝管理主要包括发布宝贝、出售中的宝贝、体检中心、商家素材中心等功能，如图 2-24 所示。

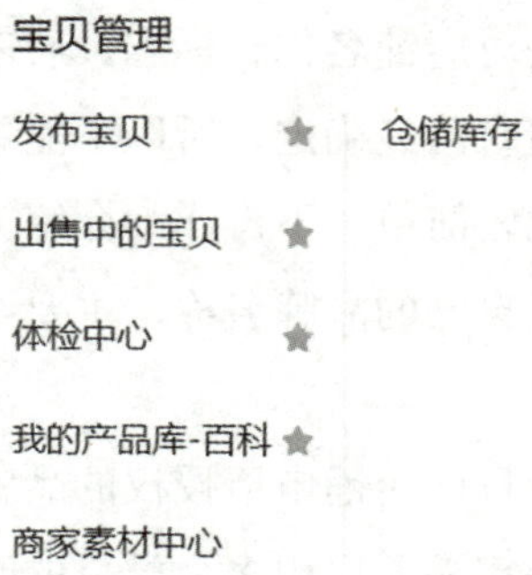

图 2-24　宝贝管理

在体检中心下可以查看商品风险、交易风险、评价风险、司法风险、店铺风险的情况，如图 2-25 所示。店铺是否违规和违规扣分状况是网店运营人员需要密切关注的。

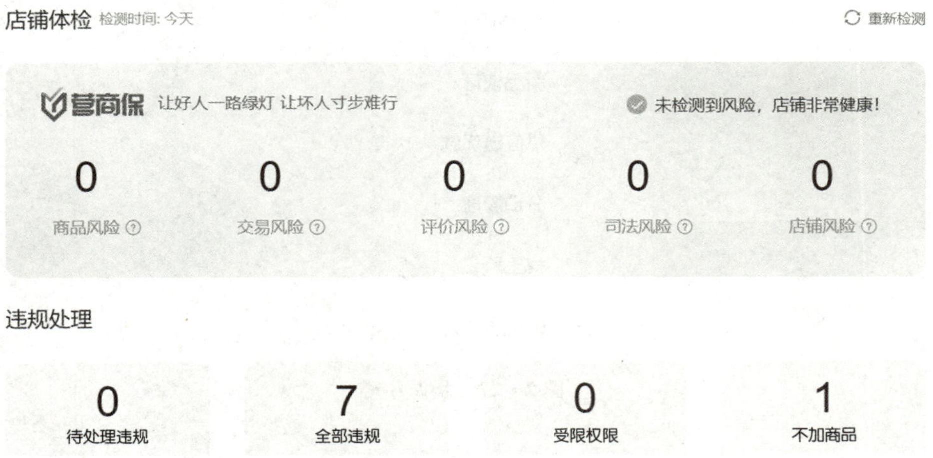

图 2-25 体检中心

商家素材中心主要为有意愿参与天猫大型活动（例如双 11、双 12、年货节、女王节、618）的天猫商家提供店铺宝贝素材场景图，这些场景图在天猫官方大促、营销平台等活动中被广泛应用。商家素材中心包括商品素材和店铺素材，商品素材里有基础素材、天猫大促和全画幅等，如图 2-26 所示。

图 2-26 商家素材中心

6）货源中心主要包括新品快订、供应链优选、分销管理、找工厂、阿里进货管理，如图 2-27 所示。此功能主要是提供给小规模商家或者是供应链不扎实的商家，它们可以通过这些栏目对接一些货源信息。

左侧导航区中还有物流管理、软件服务、金融服务、特色服务、货品管理等功能，这里不再一一介绍。

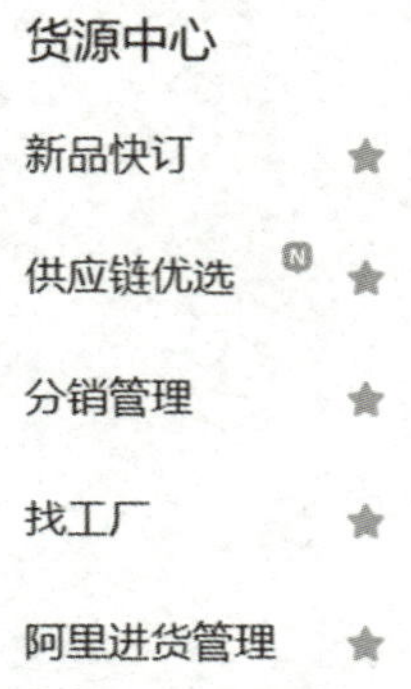

图 2-27　货源中心

2. 移动端千牛工作台

移动端千牛工作台主要帮助卖家实现利用移动端进行店铺的管理。移动端千牛工作台是集成了阿里旺旺卖家版、官方消息推送、商品管理、交易管理、数据分析等常用功能，并将移动端和电脑端进行无缝连接的一站式卖家店铺管理工作台。其主要功能包括以下几个方面：

（1）卖家工作台：为卖家提供实时的店铺关键信息提醒，以及商品、交易、数据等常用操作功能的快捷入口。

（2）消息中心：将商品消息、订单消息、退款消息、官方公告第一时间推送到移动端，避免卖家错过重要的消息。

（3）阿里旺旺卖家版：支持移动端和电脑端同时登录，将移动端与电脑端进行无缝云同步，可查看到联系人和聊天记录。

（4）头条：显示与淘宝店铺运营相关的热门信息、官方信息、常见问答等。

这里我们重点讲解卖家工作台的主要功能操作。

打开卖家工作台，其主要功能便展现无余，主要包括待办任务区、我的应用、店铺数据、生意参谋、用户运营等模块，如图 2-28 所示。

待办任务区显示待付款、待发货、待售后、物流异常、待评价的信息，还显示商家 DSR 动态评分，是商家需要随时关注的模块。

我的应用里面显示用户经常的操作，例如进行用户运营、使用经营工具、查看订单发货、查看店铺信息等，还可以从我的应用里面添加菜单到工作台首页。

在店铺数据里面可以添加待付款、待发货、出售中、橱窗中等数据信息显示在工作台首页。

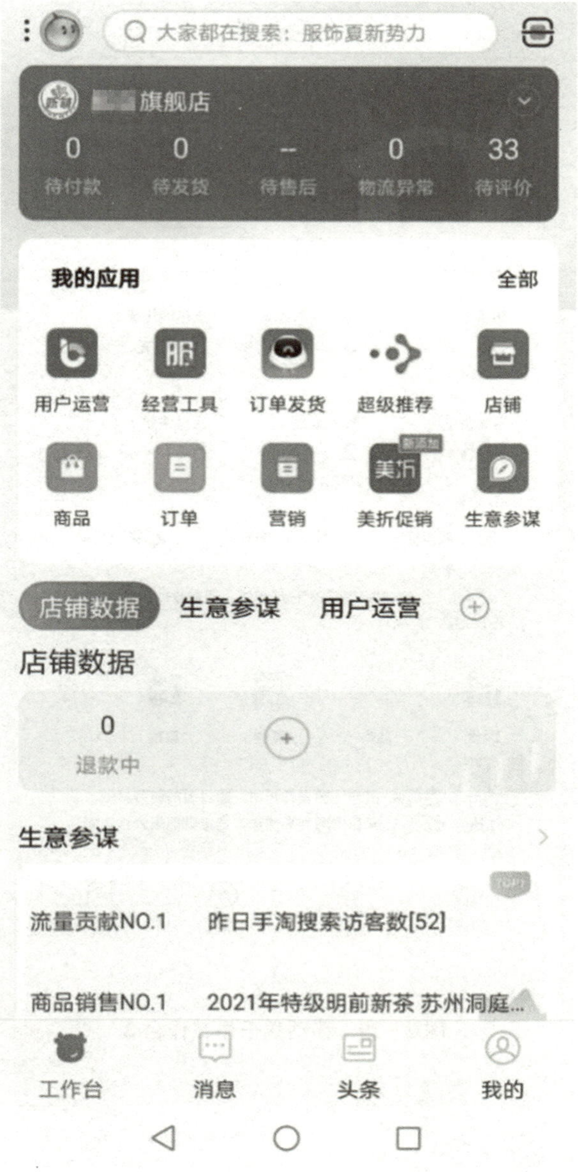

图 2-28 移动端千牛工作台 1

在生意参谋模块可以查看访客数、支付买家数、客单价等信息，方便商家分析数据，进行针对性调整，如图 2-29 所示。

在用户运营模块可以创建主图视频、微淘视频、店铺视频等，可以查看视频曝光次数、观看次数、观看人数、成交笔数等信息。用户运营模块现在是商家运营的主战场。

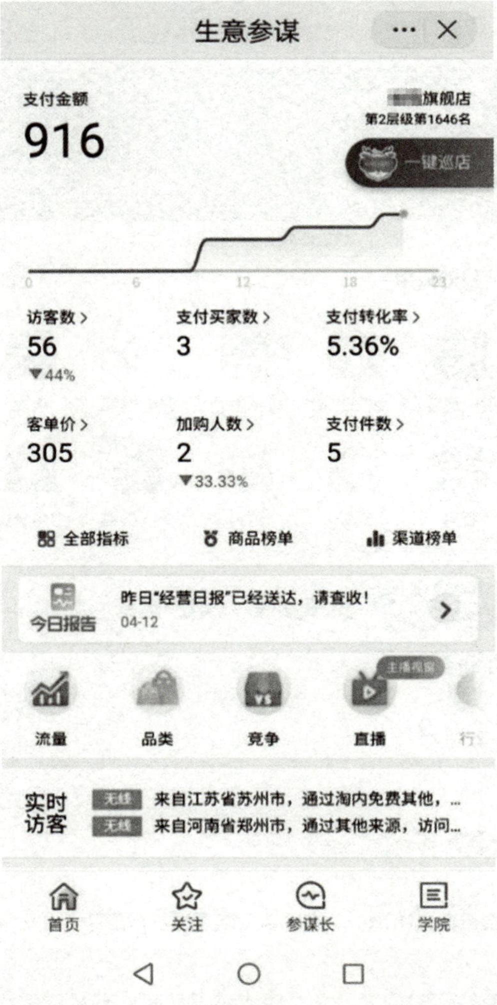

图 2－29　移动端千牛工作台 2

理论知识 2 网店平台规则与电子商务法

不以规矩，不能成方圆。毫无疑问，淘宝平台也有自己的规则，商家在淘宝上开店，如果不遵守规则，就会面临处罚、扣分、降权，严重的甚至会被封店，所以商家必须熟悉市场规则、平台规则，知晓平台的入驻规则、日常运营规则等，这是做好店铺运营工作的前提条件。商家要熟悉淘宝的各种玩法、新模式，要妥善利用这些规则，不要违反这些规则。

知识点 1 淘宝网违规处理规范

微 课

违规行为类型及违规处理规范

在淘宝平台的诸多规则中，市场管理与违规处理规范最应该引起商家注意，它们分别是对会员的风险行为采取的非扣分管理措施、对违规行为采取的具有惩戒性质的处理措施，尤其是触犯违规处理规范会给商家经营带来最为直接的影响。下面对违规处理规范进行介绍。

1. 违规行为类型

会员违规行为分为出售假冒商品（即 C 类违规）、严重违规行为（即 B 类违规）及一般违规行为（即 A 类违规），三者独立扣分、分别累计、分别执行。

（1）出售假冒商品，是指出售假冒注册商标商品，或出售盗版商品的行为。

（2）严重违规行为，是指除出售假冒商品外，其他严重破坏淘宝平台经营秩序或涉嫌违反国家法律规定的行为。

（3）一般违规行为，是指除出售假冒商品与严重违规行为外的违规行为。严重的一般违规行为会上升至严重违规行为。

2. 违规行为处罚

一旦发生违规行为，商家账户权限、经营权限会受到管控，包括屏蔽评论内容、限制会员登录、限制使用阿里旺旺、限制店铺装修、限制商品发布数量、限制参加营销活动、屏蔽店铺等。同时，违规商品和店铺还会面临搜索降权、屏蔽、下架、监管、删除等处理，关联影响涉及管控支付宝账户及/或其账户资金，包括限制解冻保证金、支付违约金等，具体内容详见《淘宝网市场管理与违规处理规范》。当然，严重的违规行为可能还会受到国家法律的制裁。

3. 违规行为扣分及节点

确认违规行为后，淘宝网会对会员进行扣分。当扣分达到节点时，淘宝网会对会员采取相应的节点处理措施；被执行节点处理的会员，当其全部违规行为被纠正、违规处理期满、违规处理措施执行完毕且通过节点考试后，方可恢复正常状态；会员的违规扣分在每年的 12 月 31 日 23 时 59 分 59 秒清零，因出售假冒商品扣分累计达 24 分及以上的情况除外。违规处罚节点及对应的处罚措施见表 2－1。

表 2－1　违规处罚节点及对应的处罚措施

违规类型	扣分节点	公示警告	限制发布商品	下架全部商品	屏蔽店铺	限制创建店铺	删除店铺	监管账户	查封账户
一般违规行为（A类）	每 12 分	7 天	7 天	×	7 天	×	×	×	×
严重违规行为（B类）	12 分	7 天	7 天	×	7 天	7 天	×	×	×
	24 分	14 天	14 天	14 天	14 天	14 天	×	×	×
	36 分	21 天	21 天	21 天	21 天	21 天	21 天	×	×
	48 分	永久	永久	永久	永久	永久	永久	30 天	永久（30 天后执行）

违规类型	扣分节点	公示警告	删除商品	限制发布商品	下架全部商品	删除全部商品	搜索屏蔽全部商品	屏蔽店铺	删除店铺	限制创建店铺	限制发货	限制会员登录	限制登录阿里旺旺	关闭订单	特种类目清退	限制买家行为	监管账户	查封账户
出售假冒商品	C2 情形每累计 C12	7 天	√	7 天	×	×	7 天	7 天	×	7 天	×	×	×	×	依照相关行业要求进行清退	×	×	×
	一次性 C12	14 天	√	14 天	×	×	14 天	14 天	×	14 天	×	×	×	×		×	×	×
	一次性 C24	21 天	√	21 天	√	×	21 天	21 天	21 天	21 天	×	×	×	×		×	×	×
	C48	永久	√	永久	×	√	×	√	√	永久	永久	永久（30 天后执行）	永久	30 天后执行		永久	30 天	永久（30 天后执行）

4. 违反规则对营销活动的影响

众所周知，参加营销活动可以提升店铺流量、促进店铺成交，但《淘宝网营销活动规范》明确规定淘宝网卖家必须达到以下要求方有机会参加营销活动：近 90 天内无一般违规行为节点处理记录；近 90 天内无虚假交易扣分；近 365 天内无严重违规行为节点处理记录；近 730 天内出售假冒商品分值未达 24 分，本自然年内出售假冒商品累计未达二振；近 60 天内无异常店铺管控处罚记录；未在搜索屏蔽店铺期；无其他被限制参加营销活动的情形。

另外，违规行为还会影响商家直通车、钻石展位、品销宝及淘宝客等广告推广行为。

知识点 2 常见的违规行为

微课

常见的违规行为

1. 出售假冒商品

出售假冒商品属于 C 类违规，是指卖家出售假冒注册商标或盗版商品的行为。被发现后，淘宝网将删除会员所发布过的假冒、盗版商品或信息；同时根据情节的严重程度进行处罚。通过信息层面判断卖家出售假冒、盗版商品的，每件扣 C 类 2 分。卖家实际出售的，每次扣 C 类 12 分；情节严重的，每次扣 C 类 24 分；情节特别严重的，每次扣 C 类 48 分。为出售假冒、盗版商品提供便利条件的，每次扣 C 类 2 分；情节严重的，每次扣 C 类 12 分。出售假冒商品违规处罚见表 2 - 2。

表 2 - 2 出售假冒商品违规处罚一览表

违规情节		限制解冻保证金	店铺是否含有缴纳保证金的经营类目	违约金标准
当年出售假冒商品次数	账户当前出售假冒商品违规扣分			
第一次	0＜账户当前售假违规扣分＜24	30 天	—	—
	24≤账户当前售假违规扣分＜48	90 天	是	店铺须缴纳保证金金额的 50%
			否	1 000 元×50%
	账户当前售假违规扣分≥48	90 天	是	店铺须缴纳保证金金额的 100%
			否	1 000 元×100%

续表

违规情节		限制解冻保证金	店铺是否含有缴纳保证金的经营类目	违约金标准
当年出售假冒商品次数	账户当前出售假冒商品违规扣分			
第二次	0<账户当前售假违规扣分<48	90天	是	店铺须缴纳保证金金额的50%
			否	1 000元×50%
	账户当前售假违规扣分≥48	90天	是	店铺须缴纳保证金金额的100%
			否	1 000元×100%
第三次	—	90天	是	店铺须缴纳保证金金额的100%
	—		否	1 000元×100%

2. 虚假交易

虚假交易是指卖家通过虚构或隐瞒交易事实、规避或恶意利用信用记录规则等不正当方式，获取虚假的商品销量、店铺评分、信用积分、商品评论或成交金额等不当利益的行为。虚假交易属于一般违规行为（A类），情节严重的可上升至严重违规行为（B类）。

通常，人们只认为刷单是虚假交易，但从内涵看，发布纯信息、发布免费获取或价格奇低的商品、将一件商品拆分为多个不同形式或页面发布、将赠品打包出售或利用赠品提升信誉、使用虚假的发货单号或一个单号重复多次使用、以直接或间接的方式变更商品页面信息、大幅度修改商品价格或商品成交价格等行为都可能被列为虚假交易。

对于虚假交易行为，淘宝网会处以下架商品、搜索降权、取消虚假交易产生的不当利益（删除销量、店铺评分和信用积分不累计、屏蔽评论内容、成交金额不累计）等惩罚，见表2-3。

表2-3 虚假交易违规处罚一览表

严重程度	具体情形	违规纠正	扣分
情节轻微	第一次或第二次且虚假交易笔数<96笔	取消虚假交易产生的不当利益	A2
情节一般	1. 第一次或第二次且虚假交易笔数≥96笔； 2. 第三次且虚假交易笔数<96笔		A12
情节严重	1. 第三次且虚假交易笔数≥96笔； 2. 第四次或以上虚假交易行为； 3. 短期内进行大规模虚假交易（不论次数和笔数）	取消虚假交易产生的不当利益、下架全店商品	A48

续表

严重程度	具体情形	违规纠正	扣分
情节特别严重	1. 累计三次以上被认定为“情节严重”的虚假交易行为； 2. 短期内进行大规模虚假交易后，再次进行大量虚假交易； 3. 存在手段恶劣、行为密集、规模庞大、后果严重、恶意对抗监管等特殊情节； 4. 为他人虚假交易提供服务、帮助或便利	取消虚假交易产生的不当利益	B48
涉嫌	单个商品涉嫌虚假交易（不论次数和笔数）	单个商品降权 30 天，多次发生的，降权时间滚动计算	无

3. 违背承诺

违背承诺是指卖家未按约定或淘宝网规定向买家提供承诺的服务，妨害买家权益的行为。违背承诺属于一般违规行为（A 类）。违规行为不同，平台处罚措施不同。

卖家违背发货时间、交易价格、运送方式等承诺的，须向买家支付该商品实际成交金额的 10%作为违约金，且赔付金额最高不超过 100 元，最低不少于 5 元，特殊商品除外。卖家未在淘宝网判定投诉成立前主动支付违约金的，除须向买家支付违约金外，还须向淘宝网支付同等金额的违约金。情节严重的，平台还可采取扣 A 类 6 分、下架商品、删除商品等措施。卖家违背交易价格、服务承诺的，每次扣 A 类 4 分；卖家违背特殊承诺的，每次扣 A 类 6 分。具体情况包括：

（1）违背交易价格。

- 买家付款后，卖家拒绝按照买家拍下的价格交易的（交易双方另有约定的除外）。
- 买家付款后，卖家拒绝给予买家其曾在交易过程中达成的对商品价格的个别优惠或折扣的。“个别优惠或折扣”的有效期，如双方已有约定的，从约定；双方未约定的，有效期视为卖家给出优惠或折扣价格的当日。买家在有效期内拍下且完成付款，即可享受约定的优惠或折扣。

（2）违背运送方式。

- 交易订立过程中，卖家自行承诺或与买家约定特定运送方式，特定运送物流、快递公司等，但实际未遵从相关承诺或约定的。

（3）违背发货时间。违背发货时间承诺包括但不限于：

- 买家付款后，卖家以商品存在瑕疵或缺货等理由，导致买家申请退款的。
- 买家付款后，卖家因自身原因（如担心后续得到中差评等）单方面拒绝发货或中止发货的（如擅自召回已发出但未送达的货物等）。
- 卖家点击了“发货”按钮，但实际未按承诺的发货时间发货的。

总之，在买家已付款后，除定制、预售及适用特定运送方式的商品外，普通商品如未设置发货时间的，需在48小时内发货，已经设置发货时间的，应根据设置的时间发货，活动商品需要根据活动要求来发货。

（4）拒绝履行“七天无理由退货”，拒绝承担退换货、包维修、破损补寄、破损包退等服务承诺。

（5）卖家拒绝使用支付宝担保交易。

（6）拒绝提供或者拒绝按照承诺的方式提供货到付款或信用卡支付或蚂蚁花呗付款服务。

（7）拒绝承诺给予买家赠品、拒绝发票。

（8）有实际未履行的承诺，如承担发货或退换货的运费等。

4. 不当使用他人权利

不当使用他人权利是指卖家发布的商品或信息涉嫌不当使用他人的商标权、著作权、专利权等权利，或造成不正当竞争的行为。不当使用他人商标权，是指卖家出售的商品被认定为商标侵权，但不属于假冒的情形。不当使用他人权利属于一般违规行为（A类），情节严重的可上升至严重违规行为（B类）。

对于不当使用他人权利的行为，淘宝网会删除商品或信息；情节不严重的，每次扣A类2分；情节严重的，每次扣A类6分，情节严重达三次及以上的，每次扣A类48分；情节特别严重的，每次扣B类48分。具体行为包括：

（1）商品、商品信息、店铺名、域名等方面不当使用。

（2）卖家出售的商品被认定为著作权侵权，但不属于盗版的情形，如使用方正字体、微软雅黑字体都属于侵犯著作权。

（3）卖家出售的商品侵犯他人外观设计专利、实用新型专利或发明专利的。

（4）卖家出售自营品牌商品信息中描述“质量比××品牌更好，价格比××品牌更低”，属于不正当竞争。

（5）盗图行为也属于不当使用他人权利。

5. 发布未经准入商品

发布未经准入商品是指卖家未备案或未通过淘宝网审查，发布有准入要求的商品。准入要求包括卖家准入要求和商品准入要求。发布未经准入商品属于一般违规行为（A类），情节严重的可上升至严重违规行为（B类）。

对于发布未经准入商品的行为，淘宝网会下架商品、删除商品。情节不严重的，如商品资质未备案或未通过淘宝网审查，每次扣A类6分，卖家资质未备案或未通过淘宝网审查，每次扣A类12分；情节严重的，上升至B类扣6分和12分；情节特别严重的，每次扣B类48分。

商品准入要求包括但不限于国家强制性产品认证（3C认证）、食品生产许可、食品添加剂生产许可、保健食品注册/备案、化妆品注册/备案、工业产品生产许可、医疗器械备案、特种设备制造许可、道路机动车辆生产企业及产品准入、能效标识备案、农药生产许可和注册/备案、兽药生产许可和注册/备案、农药生产经营许可和备案、农用机械生产许可和注册/备案等法律规定或平台要求的相关资质和信息。具体商品准入要求，以商品发布页面提示为准。

凡是卖家不具备相应资质发布相应商品的行为都属于发布未经准入商品。

6. 滥发信息

滥发信息是指卖家未按《淘宝平台规则总则》及相关规则的要求发布商品或信息，妨害买家权益或平台秩序的行为。滥发信息属于一般违规行为（A类）。

对于滥发信息的行为，淘宝网视情节严重程度扣A类0.2至6分，同时采取下架商品、删除商品、删除店铺相关信息、搜索降权、限制发布商品、监管账户等措施。

滥发信息包括广告信息、信息与实际不符、信息重复、商品要素不一致、规避信息、品牌不一致、违反行业特殊要求与价格发布要求，如图2-30所示。

图2-30 信息与实际不符——最高级夸大用语（极限用语）

上述六个方面属于淘系平台商家比较常见的违规行为，除此之外，还包括不当注册、盗用他人账户、骗取他人财物、不当获取使用信息、扰乱市场秩序、不正当牟利、发布违禁信息、提供虚假凭证等一系列的违规行为，由于规则多且情况复杂，真正理解这些行为还需要经过长期案例的积累。

知识点 3 商家违规行为处理

商家违规行为发生后，在后台宝贝管理的体检中心有显示。商家出现了触犯市场管理规定和违规行为，可以在体检中心查看。对于有疑义的处置方式，商家在点击查看详情时，平台通常都会给商家一定的期限进行申诉处理，如果商家确实存在隐情，可以通过发起申诉并根据要求提交证明资料以要求撤销处罚。

实践操作

网店商品发布

店铺申请成功后就会发布商品，从目前淘宝、天猫及各大平台的发布流程看，其相对简洁，一般包括类目选择及标题、属性、交易信息、物流信息、付款信息填写等，我们以淘宝为例来讲解。

微课

商品发布流程及要点

登录淘宝，进入商家后台页面，可以看到左侧导航栏有一系列的功能，发布宝贝时主要用到的是“商品—商品管理—发布宝贝”功能。淘宝平台规定，发布商品之前，要把发布商品的所有图片、视频上传到图片空间里面。需要注意的是，根据产品类别的不同，填写的信息会有一定差异。下文以茶叶类目进行讲解。

步骤 1 选择商品所属类目

如果商家不清楚要发布的商品具体属于哪个类目，可以在类目搜索栏里输入商品名称，就能快速找到商品所属的类目了。例如输入“茶叶”这个关键词，就可以看到相对应的一级类目、二级类目、三级类目等（见图 2－31），然后根据自己的商品进行选择即可。

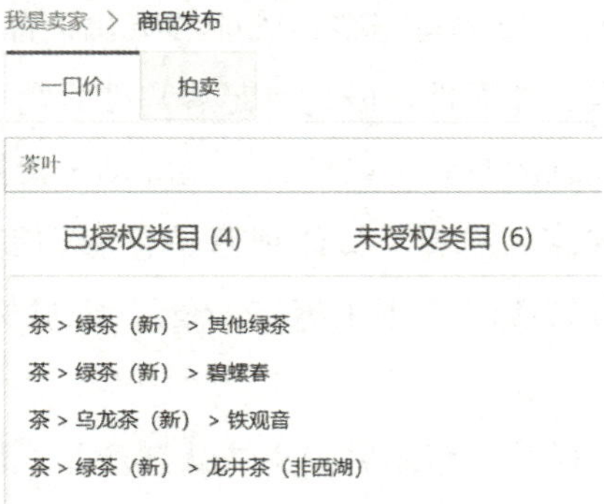

图 2－31 类目选择 1

假设要发布的商品是碧螺春绿茶。这里选择的类目就是“茶—绿茶（新）—碧螺春”，如图 2－32 所示。如果找不到商品所属的第一类目或要发布商品的品牌，可以单击申请更多一级类目发布权限或者申请品牌类目授权，然后单击“下一步，发布宝贝”按钮，进入宝贝信息填写页面。

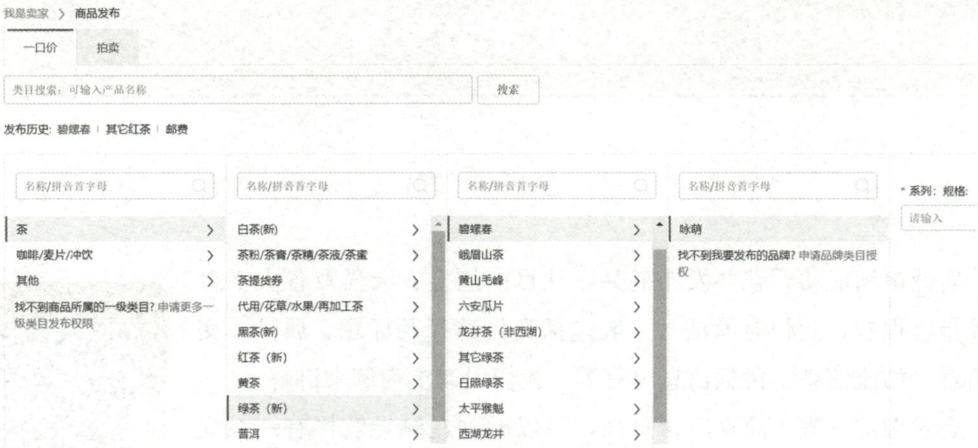

图 2－32　类目选择 2

此处需要注意，类目填写不精准会影响商品曝光度，甚至可能违反淘宝规则，造成扣分、商品下架等问题。

现在，淘宝商品发布已升级为智能发布，商家上传高清正面商品主图，平台就可以快速智能识别及填充商品信息，若商品含条码，可选择上传商品条形码，提高商品识别准确率，大大减少了商品发布的时长，提高了类别选择的正确率。

步骤 2　填写商品基础信息

这里需要对宝贝标题、导购标题、宝贝属性、商品资质等进行填写。宝贝标题最多容纳 30 个汉字（60 个字符），要填写完整，既能够突出商品关键字，又能够突出品牌、属性关键字，体现商品卖点、差异性，既能满足客户搜索需要又达到吸引客户关注的目的，如图 2－33 所示。写标题的时候可以结合“品牌词＋营销词＋属性词＋类目词＋商品词”的格式进行，既体现商品品牌，又体现营销色彩和商品特性，例如“2022 年特级明前新茶苏州洞庭碧螺春特级一等手工绿茶 50g”。宝贝标题中不得带有任何与商品真实信息无关的文字或符号。

在各个渠道、场景，标题可以帮助客户更快认知产品，做出购买决策。但现有的长标题模式，更多的是出于搜索召回的目的而拼凑出来的字符串，不仅可读性不高，也影

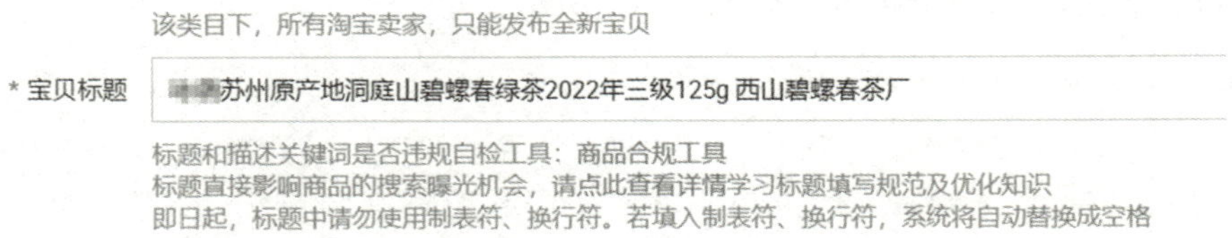

图 2-33 宝贝标题

响商品卖点的直观表达，消费者体验不佳。为了提升商家的标题效率，吸引客户点击，平台推出了导购标题。导购标题的上线是为了帮助商家提炼商品核心卖点信息，提升搜索端标题可读性。

导购标题最多容纳 15 个汉字（30 个字符），在不影响商品搜索排序的前提下，优先在搜索、新版商品详情页（移动端）、购物车等优先展示，如图 2-34 所示。建议商家填写简明准确的标题内容，避免重复表达。

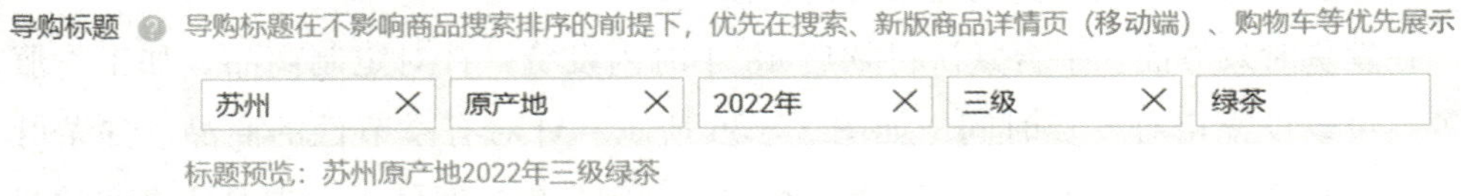

图 2-34 导购标题

宝贝属性按照实际情况填写即可，标红星的是必填项，商家要认真填写。错误填写宝贝属性，可能会引起宝贝下架或搜索流量减少，影响正常销售。如果销售的是农产品类目包装产品，平台要求尽可能填写上传商品包装图、商品资质，商品包装（标签）上必须含有生产商、地址、产地、电话、食品生产许可证编号、保质期、条形码、营养成分表，图片要求 700×700 像素以上，图片上的文字必须清晰可见，不能倾斜。商家要承诺所填信息为实际售卖商品的信息，淘宝网会定期对该信息进行抽查，如发现不符，商家会受到相应处罚。只有信息填写完整才有机会优先在电脑端和移动端展现给买家。

步骤 3 填写销售信息

在宝贝销售规格方面，商家可采取多规格（SKU）信息发布的方式。很多商品都存在多种规格（不同型号、尺寸、颜色、口味等），可依据 SKU 的不同填写不同的价格、库存等。一方面，多 SKU 商品发布不仅可以减少平台上的重复信息、方便客户查找；另一方面，也方便商家以商品的低价 SKU 引流，积累客户评价。

例如“2022 年特级明前新茶苏州洞庭碧螺春特级一等手工绿茶”，有 50g、125g、250g、500g 四种包装，会对应四种不同的价格，此时就可以设置每种包装的图片、卖点、价格、数量、SKU 分类等，如图 2－35 所示。

宝贝销售规格　在标题栏中输入或选择内容可以进行筛选和批量填充

净含量	净含量图	推荐卖点	SKU分类	* 价格(元)	* 数量(件)	商家编码
125g	替换 删除	可选主推品	单品 请确认分类	160.00	156	
250g	选择图片	暂不可选择	请选择		0	
500g	选择图片	暂不可选择	单品 请确认分类		0	
50g	选择图片	暂不可选择	单品 请确认分类		0	

图 2－35　SKU 设置

在发布多 SKU 时，对不同的 SKU 商品可以设置不同的价格。天猫店铺商品的价格不能更改，淘宝店铺可以在买家下单后未付钱前修改商品价格。商家发布商品时，商品数量要真实填写，不能无货空挂，否则会被处罚。

在发货时效方面，平台默认付款后 48 小时内发货，针对定制商品，如工作服、家具等，可以设置相对发货时间，如图 2－36 所示。针对有季节性的商品，如茶叶、枇杷、大闸蟹等，可以设置分阶段预售，指定一个固定发货时间。一定要按真实情况设置发货时间，未在规定时间内发货会引起买家投诉，平台会处罚卖家。

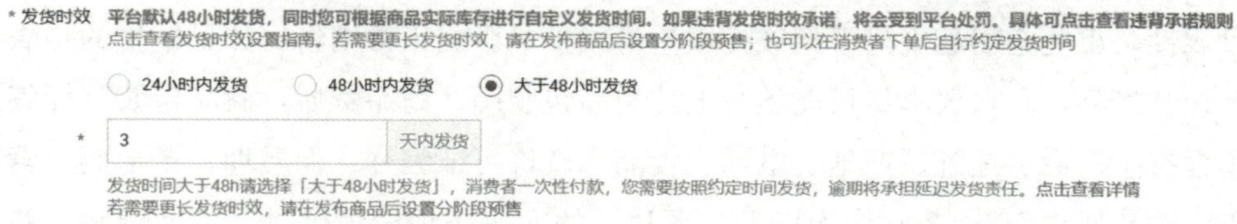

图 2－36　发货时间设置

步骤 4　填写物流信息及支付信息

为了提升消费者购物体验，淘宝要求对全网商品设置运费模板。商家可以选择自定义运费或者包邮，寄件方式可以选择按件数、按重量、按体积，运送方式可以选择快递、EMS、平邮，还可以设置指定条件包邮，如图 2－37 所示。

在支付信息方面，有“买家拍下减库存”和“买家付款减库存”两种，如图 2－38 所示。“买家拍下减库存”，意味着只要买家提交订单，哪怕不付款，产品库存数量就会相应减少，买家拍下一笔，平台上的产品库存数量就会减少一件。而“买家付款减库存”，意思就是买家提交订单并且付款，平台上的产品库存数量才会相应减少。

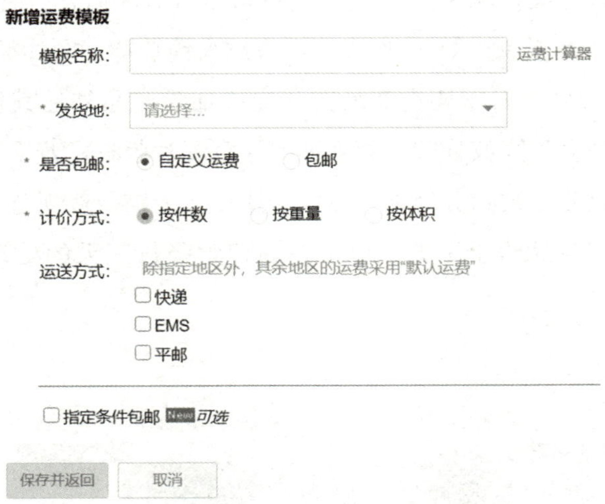

图 2-37　运费模板

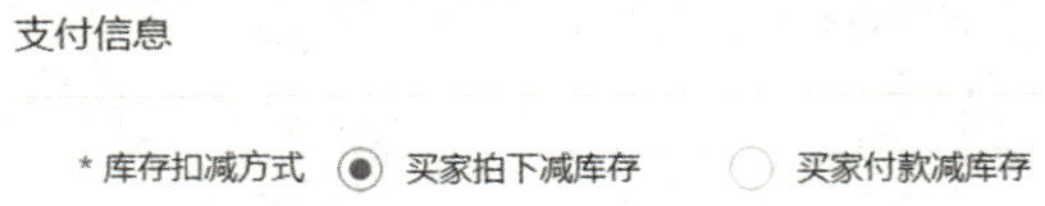

图 2-38　支付方式

如果商品库存充足，最好选择“买家付款减库存”，这样可以防止竞争对手恶意拍下产品不付款而把商品库存全部拍完下架的情况。这是因为买家拍下的订单，卖家需要在买家同意的情况下才能关闭。

如果商品库存不足，尽量选择“买家拍下减库存”。例如，商品一共有 10 件，同时有 20 个买家拍下付款了，这就发生了超卖的情况，也就是有 10 个订单卖家无法发货，卖家就需要逐个联系买家申请退款，这非常容易引发交易纠纷。因此，当库存不足时，应尽量选择买家拍下减库存的方式。

步骤 5　进行图文描述

图文描述部分主要包括主图图片、主图视频比例、主图多视频、场景图、购后视频、电脑端描述、手机端描述等内容。淘宝商家支持 5 张商品图片和主图视频，并可以通过商品第 5 张白底图的发布增加曝光机会。但天猫商家支持专属的商品无线主图和专属的商品竖图（800×1 200 像素）、透明素材图（800×800 像素），商品竖图、透明素材图有利于增加商品曝光机会。

在图片发布规格方面，淘宝商家发布的图片大于 700×700 像素就有放大镜功能，天猫商家发布的图片大于 800×800 像素才会有放大镜功能。图片类型只能为 png、jpg、jpeg，大小不超过 3 MB，且不要在商品图片上添加除商品外的其他信息，如水印、优惠信息等，一经发现会被降权处理。商家还要注意图片版权，若不当使用含有他人权利的图片，图片将被删除及被扣分处理。商家若违反《天猫行业规范》中关于商品发布的规定，天猫将对违规商品给予下架、单个商品搜索降权三天的处理。主图图片设置如图 2－39 所示。

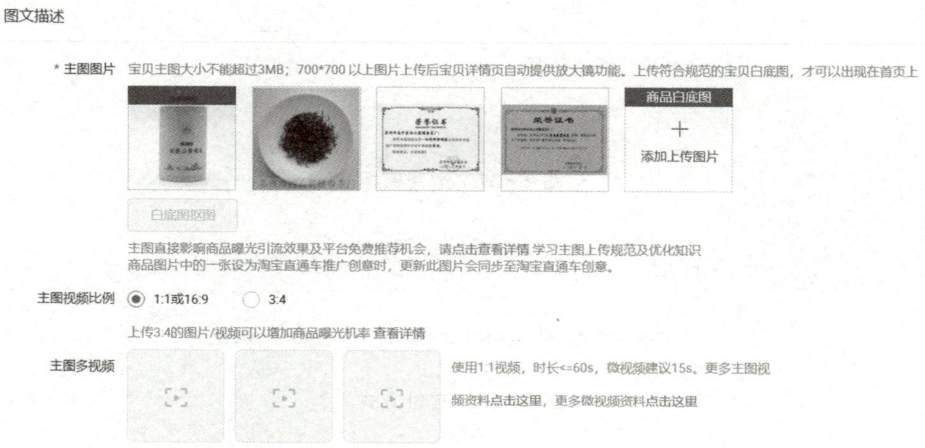

图 2－39　主图图片设置

淘宝主图视频尺寸会影响访问者对店铺的第一印象，若商品在电脑端销售较多，则选择 1∶1 或 16∶9，若商品以移动端销售为主，则选择 3∶4，可增加商品曝光率。

主图多视频包括主图视频和微详情视频，如图 2－40 所示。针对产品类别，可以选择不同的视频类型，如销售茶叶，视频类型有宝贝展示、冲泡展示、宝贝讲解、真人品鉴等。视频支持 1∶1、16∶9，时长建议 15s，最长不超过 60s。主图视频可以展示在详情页和微详情页面。微详情页面是由商品卡牌构成的商品信息展示窗口，入口在手淘首页猜你喜欢，根据用户喜好推荐商品，以图片或视频形式展示。消费者可以通过猜你喜欢这样的个性化渠道了解商品，享受更优质的购物体验。

淘宝场景图就是指宝贝和背景图融为一体的图片，而且不能是经过 P 图、抠图生成的背景图，应是画面协调、色彩适宜、饱和度适中的图。上传场景图可以优选入选到猜你喜欢，获得平台免费推荐流量。购后视频展示入口在订单列表页及订单详情页面，内容主要是与商品使用相关的信息，例如商品安装过程、使用教程、保养方法、烹饪食谱等。电脑端描述可以是产品的属性、产品的核心卖点、物流配送说明，以及产品的一些实拍图、细节图等。具体如图 2－41 所示。

图 2－40　主图视频设置

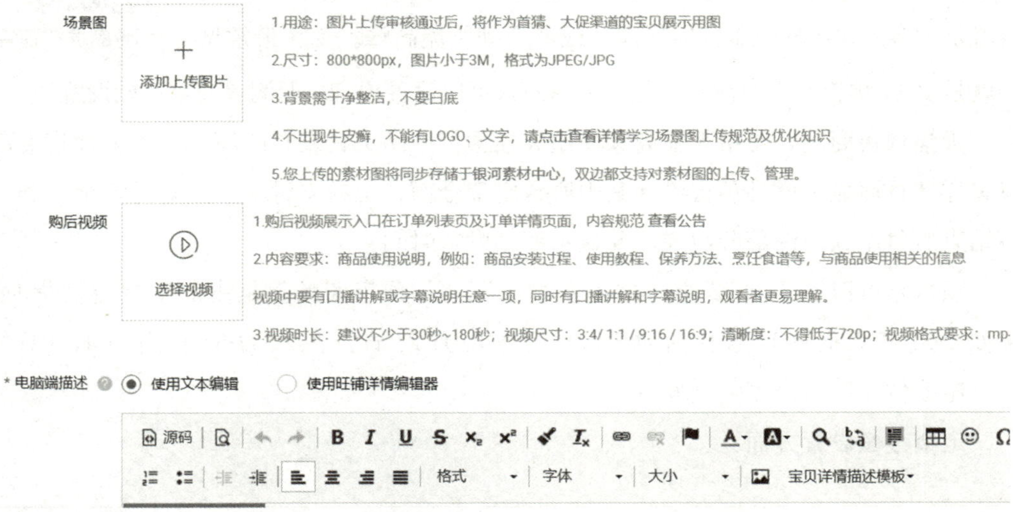

图 2－41　场景图、购后视频、电脑端描述设置

步骤 6　填写售后信息

在售后信息方面，可以设置提供发票、保修服务、退换货承诺、服务承诺等。天猫

商家默认提供发票，而淘宝商家则不需要。在商品上架时，可以选择用户购买和浏览的黄金时间，分批次上架宝贝。售后信息填写示例如图 2－42 所示。

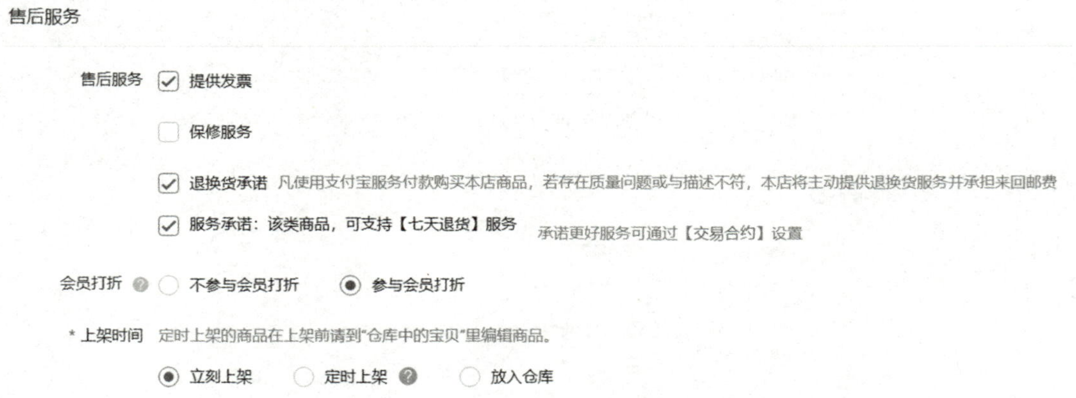

图 2－42　售后信息填写示例

现在，一个完整的发布流程到此结束。

微课

商品发布预售

天猫在举办大型促销活动前，都会有一个预热期，这样就可以使活动更有气氛，也可以吸引更多流量。在活动预热期，商家可以提前发布自己的预售商品，买家可以先用定金下单，避免活动期间买不到或者是太多人购买导致服务器崩溃，或者遇到物流高峰。现在最常见的就是双 11 预售。需要注意的是，天猫商家可以设置预售，但淘宝商家不能设置。

天猫预售商品，是指天猫商家使用天猫预售产品工具发布的商品。天猫预售商品的宝贝详情页面显示商品预售价和其中所含定金金额，交易支付由"立刻付定金"和"预售结束后付尾款"两部分组成，并显示商品发货时间。

预售是可以不遵循 72 小时之内发货原则的，预售商品都是由商家规定发货时间，例如 2022 年天猫双 11 预售活动开始时间是 10 月 24 日，在 10 月 31 日到 11 月 3 日付尾款，尾款付完以后商家陆续发货。

定金金额设置方面：

- 预售的商品的总价不低于 50 元，定金不得低于 10 元，且定金设置金额必须为 10 的倍数。
- 预售商品价格小于 500 元，定金金额须为预售商品价格的 10%（含）至预售商品价格的 20%（含）。
- 预售商品价格为 500 元（含）至 1 000 元（不含），定金金额须大于等于 50 元，且小于等于预售商品价格的 20%。

• 预售商品价格区间大于等于 1 000 元，定金金额须大于等于 100 元，且小于等于预售商品价格的 20%。

预售要遵循平台制定的规则，规则包括：

• 预售商品必须全场包邮。

• 买家需在拍下商品后 30 分钟内支付定金。

• 支付定金后，买家未如期支付尾款，或淘宝申请退款且根据相关规则判定为非卖家责任的，定金均不退还。

• 预售一旦被审核通过，在预售时间段内，宝贝详情页面的信息系统自动锁定，商家无法做任何修改。

• 天猫预售商品在预售期间内，不能通过淘宝其他营销渠道进行销售，淘宝其他营销渠道包括但不限于跨店优惠、搭配套餐、秒杀、聚划算等。

下面我们看一下具体的预售设置。

在出售中的宝贝页面，找到计划预售的商品，在操作部分单击“更多”可以看到有设置预售的链接，单击进去，如图 2－43 所示。

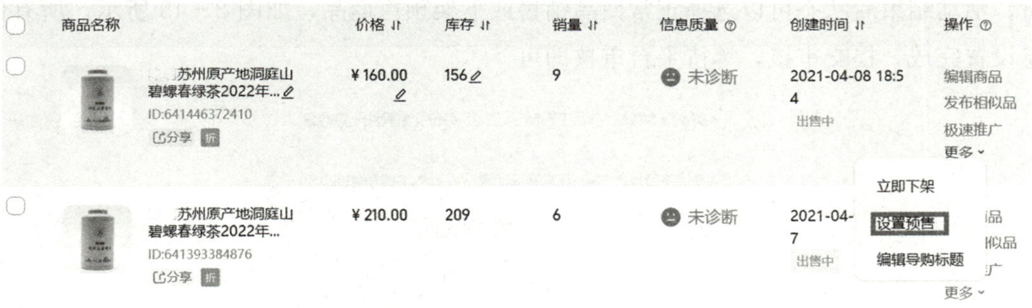

图 2－43 预售入口

在预售的类型方面，有日常预售和大促预售。每到双 11、618 等大型活动前，都会有专门的预售设置。平时，商家可以设置日常预售。

在 SKU 设置方面，商家可以对所有的 SKU 设置统一的定金与总价，也可以为不同的 SKU 设置不同的定金与总价。设置好定金支付开始时间和结束时间，如图 2－44 所示。

在发货时间方面，商家可以设置相对发货时间（即付款后固定几天发货），也可以对所有 SKU 设定统一发货时间，还可以为不同 SKU 设定不同发货时间。固定发货时间，即商家指定一个日期发货。商家可以根据商品具体情况进行设置。

图 2-44　预售设置 1

商家还可以根据库存情况设置买家限购数量，是不限制还是每位买家限购一定数量；活动结束后状态可以选择正常商品销售或下架预售商品，如图 2-45 所示。所有信息设置完成，提交审核，等待平台审核即可。

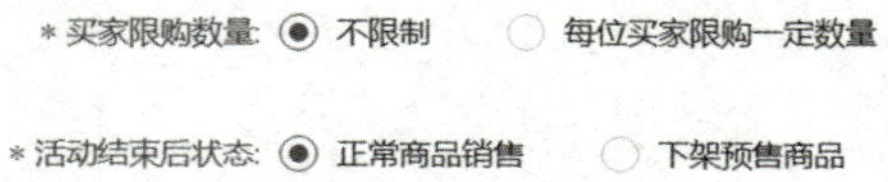

图 2-45　预售设置 2

实践操作注意点

在商品发布过程中，淘宝商家和天猫商家有明显的差异，但其中有些要点是两类商家都必须注意的，如类目选择要精准、商品信息中不要出现广告违禁词，例如“全网第一”或“销售最高”等；发布的商品信息与实际售卖商品要一致；主图不要出现任何形式的边框，不得出现水印，不得包含促销等文字说明；图片、文字不要存在涉嫌不当使用他人商标权、著作权、专利权等行为。主图尺寸规定：淘宝网 700×700 像素，天猫 800×800 像素，电脑端详情页宽度 790 像素（天猫）、750 像素（淘宝），手机端详情页宽度官方建议 750 像素等。

基于平台管理需要，并非所有的商品信息都可以自由发布，淘系平台分别从禁发商品目录、店铺经营许可、店铺类型等方面规定了商家发布内容的范围。

(1) 淘系平台的《禁发商品及信息名录&对应违规处理》，明文规定了仿真枪、军警用品、危险武器类；易燃易爆，有毒化学品、毒品类；危害国家安全、破坏政治与社会稳定的有害信息类等十二类信息禁止发布，否则以违规处理。

(2) 淘系平台规定，二类医疗器械、音像制品、成人用品、宠物活体、图书、酒类制品、茶冲饮类、零食坚果特产、乳品必须申请特种经营许可，否则商家无法在平台发布信息，申请提交内容因类目不同而有所差异。

(3) 天猫店铺只能在申请品牌和类目下进行商品发布，如果要扩充类目商品发布，商家必须再次提交申请。

(4) 在淘宝平台发布其他商品时，对不同的商品可能有不同的要求。例如发布食品类商品需要填写包装方式（小作坊制售、餐饮制售、包装、散装），并需要提交食品安全信息（生产许可证编号、产品标准号、厂名、食品添加剂）等，如果没有相关信息，则无法发布；对工业类商品，例如发布餐饮具、包装、大家电、尿片/洗护/喂哺/推车床、厨房/烹饪用具等类目的相关商品必须填写工业产品生产许可证号，否则无法发布相关信息。另外，根据类目的不同，有些类目商品要求具备品牌才能发布，而对于特殊的商品还有更为特殊的规定。

总之，商家在经营前，应该考虑到商品的发布和经营许可，避免无法经营的情况出现。

任务练习

任务名称： 掌握农产品类目在淘宝平台发布的流程及细节。

任务要求： 在前期申请的淘宝个人店中发布相关农产品，发布至少 10 件，商品类别选择准确，标题 30 个汉字填写完整，设置物流信息，设置多 SKU，按要求添加商品图片和详情页信息。填写表格 2－4。

表 2－4 淘宝平台商品发布流程

商品	宝贝类目	宝贝名称	发货时效	物流信息	支付信息	售后服务
宝贝 1						
宝贝 2						
宝贝 3						
宝贝 4						
宝贝 5						
宝贝 6						
宝贝 7						
宝贝 8						
宝贝 9						
宝贝 10						

任务评价

任务评价详见表 2－5。

表 2－5 任务评价表

项目	学习态度（15%）	团队合作情况（15%）	步骤完成情况（30%）	汇报情况（25%）	出勤情况（15%）	综合评价
个人评分						
小组评分						
老师评分						
综合得分						

课证融通知识和技能训练

在“1＋X”网店运营推广职业技能等级证书标准中，与本模块对应的是网店运营基础里面的模块三网店基础操作中的商品上传与维护。

一、单选题

1. 我国《电子商务法》对店铺经营者的影响包括（　　）。

A. 店铺经营者应制定合法、合理的平台交易规则

B. 店铺经营者应维护安全、健康的平台交易环境

C. 店铺经营者应维护平台经营环境

D. 店铺经营者应明确自身的责任和义务

2. 我国《电子商务法》出台的最大意义在于从（　　）认同了电子商务这一商业模式的合法地位。

A. 市场层面　　B. 消费层面　　C. 监管层面　　D. 卖家层面

3. 我国《电子商务法》于（　　）年1月1日起正式施行。

A. 2016　　B. 2019　　C. 2018　　D. 2017

4. 我国《电子商务法》促进了电子商务行业的长远发展，主要体现在（　　）。

A. 肯定了线上线下商务活动地位平等、融合发展

B. 推动电子商务诚信体系化建设

C. 明确了店铺经营者自身的责任和义务

D. 电子商务将被纳入国民经济和社会发展规划

5. 在商品标题撰写中，做好了商品的选词，就可以结合关键词组合公式撰写商品标题，标题组合公式为：营销关键词＋意向性关键词＋属性卖点词＋类目关键词＋长尾关键词。以下选项中，属于营销关键词的是（　　）。

A. 正品　　B. 修身　　C. 大码女装　　D. 羊毛衫

6. 以下关于标题撰写的注意事项中，描述不正确的是（　　）。

A. 促销信息类的词不会有人搜索，标题中不能放

B. 标题要与首图、详情页相关

C. 所有关键词要保持高度相关

D. 标题要适用于搜索引擎和买家

7. 一个优秀的商品标题不仅能向买家介绍商品的特征，传达商品的有效信息，还要尽可能地包含更多（　　），以提高商品搜索量和浏览量，进而带动销量。

A. 相关性高的创意　　B. 相关性高的图片

C. 相关性高的关键词　　D. 相关性高的极限词

8. （　　）影响着一件商品在搜索中的排序和点击率，一般当卖家在商品的标题中体现属性词的时候，系统会认为这个标题比较正规，信息比较丰富，品质比较优秀。

A. 标题属性词　　B. 营销属性词

C. 长尾属性词　　D. 核心属性词

9. 在“××品牌夏季新款修身气质开叉中长款包臀职业正装短袖连衣裙”这个商品标题中，“修身”和“中长款”属于（　　）。

A. 类目关键词　　B. 属性关键词

C. 品牌关键词　　D. 营销关键词

10. 小明开了一个女装淘宝店铺，由于经常有客户需要补邮费的差价，他发布了一个“邮费补差价，补几元拍几个”的产品，根据淘宝网的规则，他应该将这个产品发到的类目是（　　）。

A. 生活服务—本地化生活服务　　B. 其他—其他

C. 生活服务—网络服务　　D. 服装箱包—女装/女士精品

11. 撰写商品标题的本质是描述一个商品，使其与客户需求保持一致。标题撰写有很多技巧，以下不属于标题撰写技巧的是（　　）。

A. 核心词排序　　B. 挖掘关键词

C. 标题组合公式　　D. 建立词库

12. 在后台填写商品属性时，一定注意不要出错，不然可能会引起商品下架。以下不属于商品属性填写时注意事项的是（　　）。

A. 属性词里面一定要包含商品的主推关键词

B. 属性描述越详细越好，不要留空，有助于商品的排名展示

C. 属性词的填写不一定要和标题描述一致

D. 不要反复填写属性词

13. 商品属性主要是指商品本身所固有的性质，一般可分为三个维度，以下不属于商品属性维度的是（　　）。

A. 营销属性　　B. 风格属性

C. 通用属性　　D. 产品属性

14. 卖家想向消费者展示更多的东西，就需要做成一个流量的循环，这个循环不包括（　　）。

A. 分类页　　B. 商品页　　C. 单品页　　D. 首页

15. （　　）是顾客进入店铺首页中看到的最醒目的区域。

A. Logo　　B. 店标　　C. 商品推荐　　D. Banner

16. 店标的展现形式丰富，根据其内容的不同，从视觉上可以分为很多种形式，其中以文字和拼音字母等元素为主体进行设计的 Logo 是（　　）。

A. 图文结合 Logo　　B. 纯色彩 Logo

C. 纯文字 Logo　　D. 纯图形 Logo

17. 店标的展现形式丰富，根据内容的不同从视觉上可以分为很多种形式，其中以具象或抽象的图形结合品牌名称制作而成的 Logo 是（　　）。

A. 纯色彩 Logo　　B. 纯图形 Logo

C. 图文结合 Logo　　D. 纯文字 Logo

18. 类目优化需注意“两个匹配”：一是尽量让商品与类目相匹配；二是（　　）。

A. 尽量让宝贝标题关键词与商品属性相匹配

B. 尽量让宝贝标题核心关键词与所在类目相匹配

C. 尽量让宝贝标题属性词与所在类目相匹配

D. 尽量让宝贝标题关键词与所在类目相匹配

19. “您的厨房是否面临这些问题？现在您急需这样一个油烟机，让您的厨房更加干净整洁”属于（　　）商品详情描述的设计逻辑。

A. 标品逻辑　　B. 非标品逻辑

C. 购物心理分析逻辑　　D. 问题解决方案逻辑

20. 电脑端店铺页头由店铺招牌和（　　）两个模块组成。

A. 商品推荐　　B. 店铺新品　　C. 导航条　　D. Banner

21. 以下标题符合标题撰写规范的是（　　）。

A. 新款毛衣针织衫呢子大衣针织衫针织衫

B. 2022 冬季最新款上衣内搭针织衫

C. 男士格子毛呢大衣中长款韩版

D. 2022 毛衣针织衫百搭裤子半身裙

22. 类目选择的方法包括（　　）。

A. 官方宝贝发布入口　　B. 平台数据分析工具

C. 第三方插件　　D. 以上都是

23. 商品主图设计形式中的拼接设计是将多张商品图片拼合成一张商品主图，这种设计形式的优点不包括（　　）。

A. 买家对商品颜色一目了然

B. 信息丰富

C. 可以同时显示商品的外观和实际功效

D. 凸显商品特征

24. 作为卖家，需要通过物流跟踪信息来判断货物风险是属于买家还是卖家，在买家签收之前，货物丢失或者损毁的风险，由（　　）承担。

A. 买家　　B. 物流公司　　C. 卖家　　D. 菜鸟驿站

25. 在淘宝 DSR 评分的计算中，每个自然月，相同买家、卖家之间的交易，卖家店铺评分仅计取前（　　）次。

A. 一　　B. 二　　C. 三　　D. 四

26. 撰写商品标题要考虑诸多要素，包括店铺当前的实际状况、类目的实际状况、是否大促活动时期等。（　　）是保证流量的精准性，进而保证转化率的关键要素。

A. 标题适用于搜索引擎和买家　　B. 所有关键词保持高度相关性

C. 标题适用于当前店铺基础　　D. 标题与首图、详情页相关

27. 商品标题由关键词组成，主要包括核心词、类目词、属性词和长尾词，其中表明所卖商品名称的词是（　　）。

A. 长尾词　　B. 核心词　　C. 属性词　　D. 类目词

28. 商品详情描述标品逻辑的顺序一般为（　　）。

A. 商品参数—店铺活动—商品展示—包装图示—物流快递—品质保障—服务质量—品牌介绍

B. 商品展示—店铺活动—商品参数—包装图示—物流快递—品质保障—服务质量—品牌介绍

C. 商品参数—商品展示—店铺活动—包装图示—物流快递—品质保障—服务质量—品牌介绍

D. 商品展示—商品参数—店铺活动—包装图示—物流快递—品质保障—服务质量—品牌介绍

29. 下列选项中，由卖家因素导致物流问题的是（　　）。

A. 包裹破损　　B. 物流信息显示签收但买家未收

C. 发错货　　D. 以上都是

30. 三栏结构的布局方式对应了视觉心理学中的（　　）。

A. 平衡效应　B. 位置效应　C. 最简原则　D. 动感效应

31. 长城汽车的标志属于（　　）Logo。

A. 纯色彩　B. 纯文字　C. 纯图形　D. 图文结合

32. 在宝贝标题的描述中，不允许含有的内容是（　　）。

A. 极限词　B. 空格　C. 年份　D. 季节

33. 某淘宝店一共有25个买家参与DSR评分，每个买家只参与一次（19人给5分，6人给1分），则该淘宝店的DSR评分为（　　）。

A. 4.8　B. 5　C. 3.8　D. 4.04

34. 淘宝DSR评分以（　　）为一个评分周期。

A. 90天　B. 30天　C. 半年　D. 1年

35.（　　）商品详情页文案要给出消费者立刻购买的理由，制造紧张感、稀缺感，进行购买引导。

A. 普通型　B. 故事型

C. 解决疑惑型　D. 解决痛点型

36. 商品标题由关键词组成，主要包括核心词、类目词、属性词和长尾词四种类型。其中属性词是指（　　）。

A. 商品修饰词　B. 商品类目　C. 商品属性　D. 商品名称

37. 不同的商品或者同一商品售卖的不同阶段，标题发挥的作用不一样，下面（　　）的标题在其整个权重里面的占比最低。

A. 引流款商品　B. 爆款商品　C. 品牌款商品　D. 新款商品

二、多选题

1. 下列属于我国《电子商务法》对平台经营者影响的是（　　）。

A. 平台经营者应维护安全、健康的平台交易环境

B. 平台经营者应明确自身的责任和义务

C. 平台经营者应树立诚信经营的意识

D. 平台经营者应制定合法、合理的平台交易规则

2. 我国《电子商务法》制定了相关规定，除了传统电商平台外，将（　　）等过往界定模糊的经营行为纳入了电商经营领域。

A. 个人海外代购　B. 海淘

C. 微商　D. 拼多多

3. 好的商品标题通常是由不同类型的关键词构成，这些关键词的类型主要有（　　）。

A. 类目词　B. 长尾词　C. 核心词　D. 属性词

4. 标题优化的注意事项有（　　）。

A. 流量不错的宝贝不建议再优化

B. 标题中不能出现极限词和其他品牌词

C. 不要用有流量但与商品无关的关键词

D. 标题中不能堆砌关键词

5. 撰写标题时要注意标题的相关性、适用性和规范性。下列关于标题适用性的说法中正确的是（　　）。

A. 适用于店铺未来发展　B. 适用于买家

C. 适用于搜索引擎　D. 适用于当前店铺基础

6. 以下属于商品上下架技巧的是（　　）。

A. 同类商品细分　B. 选择最小上下架周期

C. 确定最佳上架时间　D. 商品分批上架

7. 商品标题由关键词组成，主要包括核心词、类目词、属性词和长尾词。以下属于属性词的是（　　）。

A. 高腰　B. 修身　C. 正品　D. 公仔

8. 商品类目选择的方法主要有（　　）。

A. 使用搜索引擎进行数据参考

B. 使用第三方插件进行数据参考

C. 选择官方发布入口推荐的第一个类目

D. 使用平台数据分析工具进行数据参考

9. 以下属于营销属性的是（　　）。

A. 韩版　B. 产地　C. 街头　D. 淑女

10. 做好商品标题优化更容易吸引流量，下列属于标题优化原则的是（　　）。

A. 分词原则　B. 排序原则　C. 权重原则　D. 前置原则

11. 通常情况下，撰写标题需要注意的事项包括（　　）。

A. 适用性　B. 规范性　C. 相关性　D. 简洁性

12. 发布商品时，类目的选择十分重要，类目选择的精准度越高，就越容易被买家搜索到，类目选择错误时的处理方式是（　　）。

A. 联系平台客服　B. 重新上架

C. 删掉商品　D. 重新开店

13. 商品上下架时间维度包括（　　）。

A. 每年的时间维度　　B. 每周的时间维度

C. 每月的时间维度　　D. 每天的时间维度

14. 自定义页在店铺中起到非常重要的作用，它信息全面，展示商品灵活方便，而且用户体验也非常好。下列属于自定义页类型的是（　　）。

A. 说明型　　B. 事件型　　C. 主题型　　D. 产品型

15. 淘宝的评价体系由淘宝 DSR 评分和卖家信用等级评分组成，其中淘宝 DSR 评分是指淘宝店铺的动态评分，评分指标包括（　　）。

A. 物流服务的质量　　B. 卖家的服务态度

C. 宝贝与描述相符　　D. 买家的满意度

16. 标题违规会影响店铺的综合质量分，进而影响自然搜索排名，宝贝标题中不允许含有（　　）。

A. 属性词　　B. 别人的品牌词

C. 营销词　　D. 极限词

17. 一般来说，商品详情页主要包括（　　）。

A. 商品图片　　B. 商品参数信息

C. 商品视频　　D. 商品详情描述

18. 以下关于 Banner 排版布局的说法中，正确的是（　　）。

A. 倾斜结构的布局会让画面显得时尚且具有动感

B. 倾斜结构也属于两栏结构布局的一种，比较容易突出主题

C. 三栏的构图方式更具层次感，服饰、鞋包类需要模特展示的商品适合使用三栏式结构

D. 左文右图的布局方式结构稳重、平衡，商品展示与文案宣传并重

19. 移动端首页构成分为（　　）。

A. 商品上新专区　　B. 商品促销专区

C. 自定义模块专区　　D. 商品陈列模块

20. Banner 文案中的信息主要包括（　　），有些 Banner 还会添加商品卖点和促销等信息。

A. 副标题　　B. 附加内容　　C. 炫酷字体　　D. 主标题

21. 下列关于淘宝 DSR 评分方法的说法中，正确的是（　　）。

A. 买家完成店铺评分后，系统会自动代卖家给买家一个好评

B. 交易成功后 15 天内，买家自愿对卖家进行店铺评分

C. 每个自然月，对相同买家、卖家之间的交易，卖家店铺评分仅计取一次

D. 店铺动态评分低于同行平均值时会变绿，高于同行平均值时会变红

22. 国内电商平台物流环节遇到的问题通常由卖家因素、物流公司因素和不可抗力因素组成，其中属于卖家因素造成的问题是（　　）。

A. 质量问题　　B. 多发商品

C. 显示签收但买家未收　　D. 因台风导致物流延迟

23. 淘宝评价体系的评分结果会影响（　　）。

A. 转化率　　B. 活动报名

C. 金牌卖家的打标　　D. 自然流量

24. 商品详情页图片设计原则包括（　　）。

A. 投射效应　　B. 最简原则　　C. 风格统一　　D. 简洁原则

25. 商品详情描述模块的排序是对前期产品分析、定位、核心卖点、产品信息、品牌信息、服务体系、好评、卖家秀等信息分类、重组，并且进行有序、有条理的排列，常用的商品详情描述模块排序方法包括（　　）。

A. 问题解决方案逻辑　　B. 标品逻辑

C. 活动设计逻辑　　D. 购物心理分析逻辑

26. 以下关于移动端店铺首页的描述中，正确的是（　　）。

A. 移动端店铺文案以简洁为主

B. 移动端的屏幕通常较小，一般都是从上向下浏览

C. 移动端店铺优惠券的发送方式、营销角度、视觉角度等方面在设计上都会与电脑端有所不同

D. 移动端首页第一屏一般展示爆款信息

27. 在商品详情页设计中，商品主图设计的基本要求是能够展示商品的全貌、图片清晰、不能有杂乱的背景，那么商品主图的设计形式主要有（　　）。

A. 场景设计　　B. 突出卖点

C. 展示局部细节　　D. 拼接设计

28. 根据商品主图设计规范，以下具体操作的描述中，正确的有（　　）。

A. 添加店铺的 Logo 或者名称　　B. 主图正方形呈现

C. 背景颜色根据店铺来定位　　D. 隐藏数量、价格等数字信息

三、判断题

1. 属性词影响商品在搜索中的排序和点击率，当卖家在商品的标题中体现属性词的

时候，系统会认为这个标题比较正规，信息比较丰富，品质比较优秀。（ ）

A. 正确 B. 错误

2. 在优化宝贝标题时必须根据宝贝每个阶段的不同属性进行设置，一般情况下，新品期尽量避免大词竞争、爆款期找大词增强竞争力。（ ）

A. 正确 B. 错误

3. 卖家在搜索查询词和行业热搜词里查找流量比较大的词，建立词库并进行筛选，把与品牌、人群、属性不相关和人气太低的词删除，此时留下的词就是卖家要进行组合的词。（ ）

A. 正确 B. 错误

4. 一个词是否为权重词，可以用搜索来检验，一般在同行标题中得分最高的就是权重词。（ ）

A. 正确 B. 错误

5. 当商品有多个核心关键词时，最好把所有核心关键词都放在标题的开头位置。（ ）

A. 正确 B. 错误

6. 包邮、特价、正品、活动促销等都属于营销关键词。（ ）

A. 正确 B. 错误

7. 宝贝标题只给搜索引擎看。（ ）

A. 正确 B. 错误

8. 淘宝 DSR 评分中，每项店铺评分取连续 12 个月内买家给该项评分的总和/连续 12 个月内买家给该项评分的次数。（ ）

A. 正确 B. 错误

9. 优化标题时要迎合用户体验，按照客户的心理适当地夸大产品的功能，这样才能吸引客户、起到标题的作用。（ ）

A. 正确 B. 错误

10. 商品详情描述是在商品详情页中通过图片、文字等形式阐述商品的功能和特性，主要是向消费者介绍商品。（ ）

A. 正确 B. 错误

11. Banner 指的是网店页面的横幅广告，是店铺风格最直观的展示，对于营造氛围起着巨大的作用。（ ）

A. 正确 B. 错误

12. 买家提出未收到货，卖家需要通过物流跟踪信息来判断货物风险到底属于卖家还是买家，而货物风险转移的关键就在于收货人是否签收。（　　）

A. 正确　　　　　　B. 错误

13. 当交易出现纠纷时，为维护店铺的品牌形象，避免承担不合理的责任，一定要和客户把投诉的问题讲明白，让客户明白谁对谁错。（　　）

A. 正确　　　　　　B. 错误

14. 每个单品的运营都需要经历上架—分配坑位—销售—补货—调动坑位—推广—清货—下架等一系列过程。（　　）

A. 正确　　　　　　B. 错误

15. 标题空格是否影响搜索结果，主要在于输入空格的时候会不会引起分词混乱。（　　）

A. 正确　　　　　　B. 错误

16. 淘宝 DSR 评分会影响商品在淘宝搜索中的排名。（　　）

A. 正确　　　　　　B. 错误

17. 关键词的分词对于标题优化没有影响。（　　）

A. 正确　　　　　　B. 错误

18. 商品的参数信息包括商品价格、规格、颜色、尺寸、库存等。（　　）

A. 正确　　　　　　B. 错误

四、实践操作题

微 课

设置运费模板

微 课

发布商品

与本模块对应的是网店运营基础实训课程里面的模块 6 商品上传与维护。

根据二维码讲解，完成“1+X”网店运营推广考证平台“网店运营基础实训”课程模块 6 商品上传与维护，主要包括以下任务：

★ 设置拉杆箱、钱包、双肩包、单肩包、手提包的运费模板。

★ 发布宝贝拉杆箱、钱包、双肩包、单肩包、手提包。

项目 3　网店搜索引擎优化

学习目标

◆ **知识目标：**熟悉搜索引擎优化的主要形式、主要特征，熟悉搜索引擎的工作原理和电商平台的排名规则，掌握网店运营推广（中级）证书考试中 SEO 优化的相关知识。

◆ **能力目标：**能够独立完成农产品网店搜索引擎优化的操作；能够清晰掌握网店搜索引擎优化技能要点，具备基本的网店搜索引擎优化思路；能够独立完成网店运营推广（中级）证书考试中的 SEO 优化实训。

◆ **素养目标：**培养保守商业机密的基本职业素养和精益求精的工匠精神，启发学生整体、联系、动态的多元化思维，培养学生的全局观、辩证思维能力和信息甄别意识，具备推广农产品的深厚情怀。

知识结构

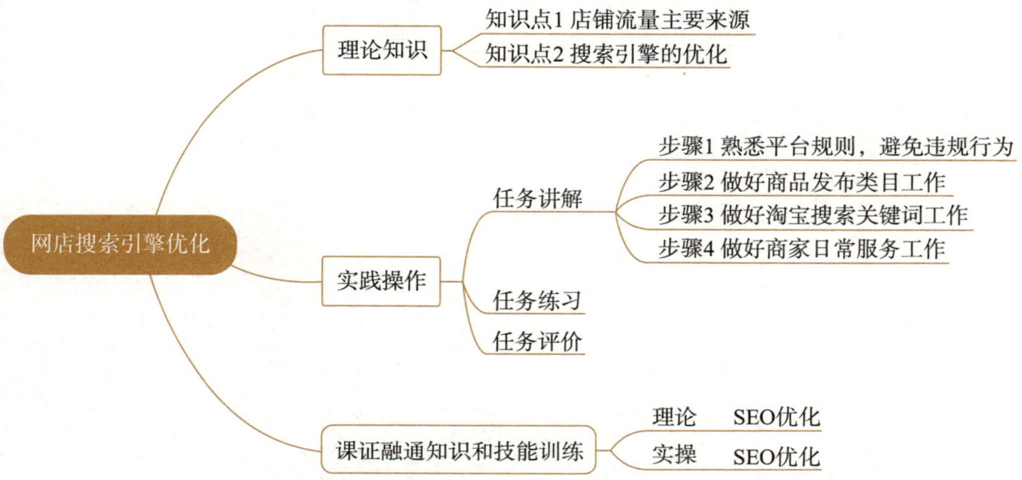

素养园地

党的二十大报告明确指出，必须坚持人民至上，必须坚持自信自立，必须坚持守正创新，必须坚持问题导向，必须坚持系统观念。在搜索引擎优化过程中，要有系统的观念、严谨求是的科学作风、主动探索的创新能力和锲而不舍的钻研精神。做好搜索引擎优化还需要“稳如泰山、临危不惧”的心理素质，精益求精的品质，拥有“用户至上”的服务意识。

思考 网店搜索引擎优化的影响因素有哪些？碧螺春茶厂网店应该如何实施搜索引擎优化呢？

理论知识

了解搜索引擎优化

无论是在独立网站推广，还是在 B2B 平台、B2C 平台网店推广，搜索引擎优化工作一直以来都是不可或缺的，尽管目前网络推广方式不断多元化，但搜索引擎优化仍旧是最基础、必不可少的。正是基于此，碧螺春茶厂网店推广应从搜索引擎优化工作开始，那么开展搜索引擎优化工作究竟要做些什么呢？

为了系统掌握网店搜索引擎优化工作，本项目先从网店推广的主要渠道、零售平台搜索引擎优化工作认知、搜索引擎优化因素学习以及如何做好搜索引擎优化工作几个部分展开，然后对搜索引擎优化的内涵进行总结提炼。

知识点 1 店铺流量主要来源

微 课

网店推广主要方式

网店申请成功并完成商品发布、店铺装修后，商家要面对的就是流量问题，没有流量就没有成交。从平台视角看，大多数商家的店铺流量来源渠道主要分为站内和站外，从费用视角看，主要分为免费流量和付费流量。

下面重点从平台视角介绍站内流量和站外流量，为便于理解，下面主要以具有代表性的淘系平台为例。

1. 站内流量

站内流量包括免费的搜索引擎优化流量（简称“SEO 流量”）、付费推广流量（例如淘系平台内的直通车、引力魔方、极速推、万象台、淘宝联盟等）、活动流量（例如淘系平台内的聚划算、天天特卖、双 11、百亿补贴等）、其他免费流量（例如淘系平台内的每日好店、有好货、直播、微淘、买家秀、店铺收藏流量、回头客流量等），在京东、拼多多平台同样也有类似流量。

2. 站外流量

站外流量包括搜索引擎流量、站外广告流量、电子邮件营销（EDM）流量、实时通信（IM）流量、站外活动流量，以及论坛、博客、微博、微信、快手、抖音等社交流量。

知识点 2 搜索引擎的优化

微 课

SEO的重要性

商家可以通过各种各样的渠道引入流量，但总体而言，搜索引擎优化流量意义更为突出，一方面，大多数客户主要通过搜索进入商家店铺；另一方面，较其他流量而言，搜索引擎优化流量的总体性价比是最高的，且可操作性强。

1. 零售平台搜索引擎优化认知

零售平台搜索引擎优化就是指根据网络零售平台搜索引擎工作原理，商家通过优化自己的商品信息使自己的商品和店铺在零售平台排名靠前，以促进用户关注、购买的行为活动。零售平台搜索引擎的作用不同于综合类搜索引擎在整个互联网进行数据的抓取、分析和归类，而后结合网站内容、点击、外链等进行自然搜索展示。对于零售平台而言，商家商品发布的过程就是零售平台建立商品搜索索引的过程，有了按关键词、类目、属性发布的商品，就有了搜索索引基础，而后平台可以根据其排名要素，将客户搜索的商品信息展示出来。

2. 影响零售平台搜索引擎优化的因素

究竟怎么做才能在零售平台上的搜索排名靠前呢？通过日常观察各大平台搜索框的搜索筛选条件基本就能获知，以淘宝为例，打开搜索框，会看到可以按照店铺类型、综合、销量、品牌、价格区间、区域进行搜索，这些信息都是影响搜索结果排名的因素，主要表现为以下几个方面：

（1）违规因素。违规因素是商家商品参与搜索排名的必要因素，商家一旦触犯平台规则，商品就没有资格参与搜索排名。在影响搜索排名的规则中，比较有代表性的就是虚假交易规则。以淘系平台为例，规则明确指出触犯虚假交易规则将面临搜索降权的处罚：涉嫌虚假交易（不论次数和笔数），单个商品降权 30 天。另外，淘系平台还明确规定搜索作弊行为包括虚假交易、重复铺货、广告商品、错放类目和属性、标题滥用关键词、SKU 作弊商品、价格不符、邮费不符等，一旦发现都会给予降权处理。

（2）文本因素。文本因素是指在商品发布的过程中，在遵循商品特质的基础上，商家要围绕客户搜索关键词来布局商品标题和属性乃至店铺相关内容，因为搜索引擎优化工作是以关键词搜索为基础的，淘系平台搜索引擎优化也不例外。从搜索原理分析，如果标题和属性中没有对应关键词，那么商品几乎不可能出现在对应搜索结果中。

（3）人气因素。人气因素主要是指商家商品在客户搜索结果中的点击率、收藏率、加购率、转化率、流量、销量等因素，且这些因素甚至与客户的消费等级有关。准确地说，在满足诸多因素的情况下，人气因素是决定商品搜索排名的核心因素，而且人气因素的原理也广泛地适用于直通车、钻石展位、超级推荐等诸多场景。

（4）类目因素。商家在商品发布过程中一定要精准选择类目，填写的精准与否会直接影响商品信息的排名。在网络商业行为中，类目划分是常规分类管理的初始，也是淘系平台商品关键词分类的基础，还是客户查找信息的一项重要依据。例如茶叶，从商品的角度讲，它可以归属于很多类目，但从真实应用的角度讲，它应该归属于“茶—绿茶（新）—碧螺春”类目。一旦放错类目，就会在本应该展示的类目中失去排名优势。商品类目选择如图 3－1 所示。

图 3－1　商品类目选择

（5）服务因素。服务因素是指商家服务于客户过程中涉及的各种因素，表现指标有投诉率、纠纷率、退款率、旺旺响应时效等，综合地表现为后台操作中对应的 DSR 指标、综合体验星级、基础服务考核分等。当这些指标达到类目平均水平以上的时候，对应店铺商品优先排序；反之，则对商品排序起到反作用。

（6）个性化因素。个性化因素是指淘系平台在统计分析客户购买偏好（个性化标签）的基础上，往往会把商品优先展示在其对应标签的客户浏览结果中。其影响因素包括但不限于客户成交价格区间、店铺偏好、属性偏好、品牌偏好、类目偏好等。如果客户经常在某个店铺购买商品，当客户搜索同类商品的时候，该店铺商品在排序结果中就会有更突出的表现。例如某客户经常购买高客单价的商品，低客单价的商品在其搜索结果中的排名就不会表现得很突出。目前，由于淘系平台大数据分析愈加完备精准，千人千面式的个性化展示已被广泛地应用在淘系平台的各个领域，例如手淘首页、搜索结果页等。

当然，影响平台搜索引擎优化排名的因素还有很多，例如店铺动销率、主营类目权重、新品标签等，尤其是随着网络环境的变化，这些排名因素会不断地调整，在过去的排名机制中，下架时间、橱窗推荐也曾有一定的加分因素，但 2018 年以来淘系平台基本淡化了这些因素的权重。总体而言，以上 6 个方面是影响淘系平台搜索引擎优化排名的主要因素。

实践操作

优化网店搜索引擎

搜索引擎优化工作是一个系统工程，不是单纯做好其中的一个或几个方面就能获得理想的排名效果。要做好搜索引擎优化工作，需要扎扎实实地做好每个环节的工作，落实每一个步骤，不能顾此失彼。对网店来讲，需要按以下步骤做好网店搜索引擎优化工作。

步骤 1 熟悉平台规则，避免违规行为

商家要避免出现违规行为，就需要熟悉平台规则，对于淘系商家而言，尤其需要关注搜索降权行为。除明显违规行为外，还要注意淘系平台规则中的其他因素，例如违背承诺、不当使用其他人权利、不当牟利以及发布违禁品、假冒品等，尽管淘系平台没有明确这些行为会造成搜索降权，但扣分一旦达到节点，就会造成店铺降权乃至被屏蔽、下架删除商品，也就没有排名可言了。

步骤 2 做好商品发布类目工作

在选择商品发布类目时，要通过搜索商品关键词确定最适合的类目，如图 3-2 所示。当难以判断类目时，可以通过“生意参谋—市场—搜索分析—类目构成”参考选择（如图 3-3 所示），也可以借助第三方工具，分析同行 Top 竞品所在类目来实现，如图 3-4 所示。

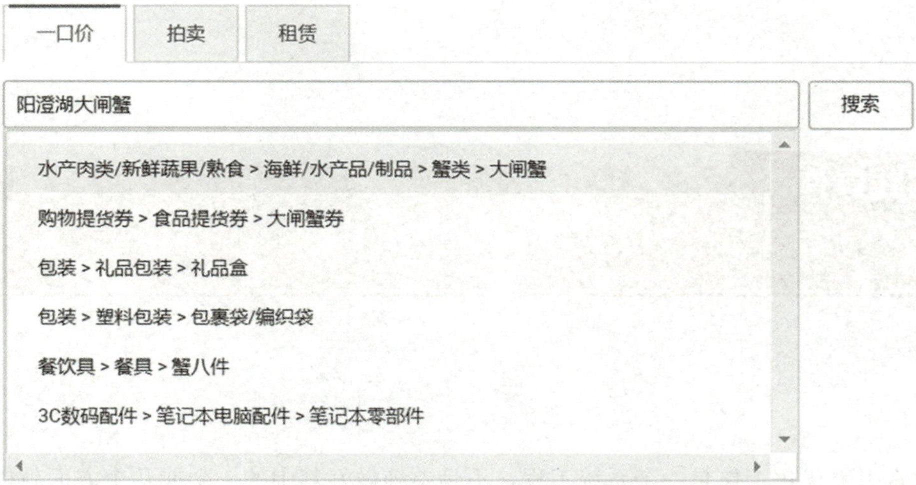

图 3－2　选择商品发布类目

图 3－3　生意参谋搜索分析关键词类目构成

图 3－4　第三方工具竞品所在类目分析

步骤3 做好淘宝搜索关键词工作

商家要准确填写商品标题、属性，满足客户搜索需求。这主要包含两个方面的工作：一是关键词查找；二是关键词的选用和布局。

1. 关键词查找工作

通常情况下，在淘系平台查找关键词的方法有以下几种：

（1）利用生意参谋查找关键词。生意参谋提供了淘系平台的官方大数据，因此利用生意参谋查找关键词最具有权威性，如图3－5所示。打开“生意参谋—市场—搜索分析—相关分析”，输入核心关键词（如碧螺春）后单击确认，查看相关词分析结果，包括相关搜索词、关联品牌词、关联修饰词、关联热词。与之对应，需要考虑关键词的点击率、支付转化率、商城点击占比等数据，以便全面了解关键词情况并进行抉择。

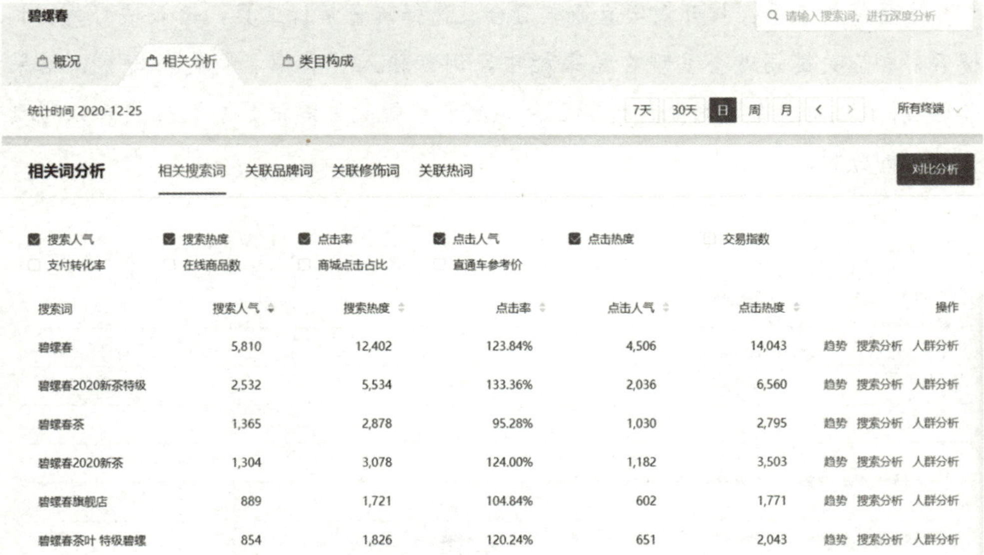

搜索词	搜索人气	搜索热度	点击率	点击人气	点击热度	操作
碧螺春	5,810	12,402	123.84%	4,506	14,043	趋势 搜索分析 人群分析
碧螺春2020新茶特级	2,532	5,534	133.36%	2,036	6,560	趋势 搜索分析 人群分析
碧螺春茶	1,365	2,878	95.28%	1,030	2,795	趋势 搜索分析 人群分析
碧螺春2020新茶	1,304	3,078	124.00%	1,182	3,503	趋势 搜索分析 人群分析
碧螺春旗舰店	889	1,721	104.84%	602	1,771	趋势 搜索分析 人群分析
碧螺春茶叶 特级碧螺	854	1,826	120.24%	651	2,043	趋势 搜索分析 人群分析

图3－5 生意参谋搜索分析

（2）通过淘宝搜索下拉框来判断关键词。这是淘宝商家通用的一种方式，其操作简单且相关关键词搜索量一般都比较大。具体方法是把客户可能搜索的关键词放在搜索框中，相关的关键词就会以下拉菜单的形式展现出来。当然，商家也可以通过切换不同的通用词来发现更多下拉框显示的搜索词，例如输入“碧螺春”，下拉框显示的搜索词如图3－6所示。

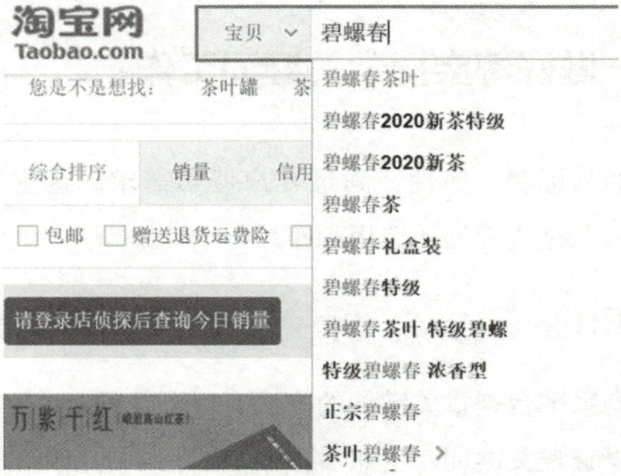

图 3-6　通过搜索下拉框选择关键词

（3）通过淘宝直通车后台流量解析工具或推广计划中添加关键词来发现不同的关键词。

● 流量解析工具：打开淘宝直通车后台，选择流量解析工具，输入核心关键词进行搜索，相应关键词就会呈现在结果栏中，例如输入“碧螺春”进行搜索，结果如图 3-7 所示。商家通过淘宝直通车后台“流量解析—关键词分析”查找可以得到相关关键词的分析。

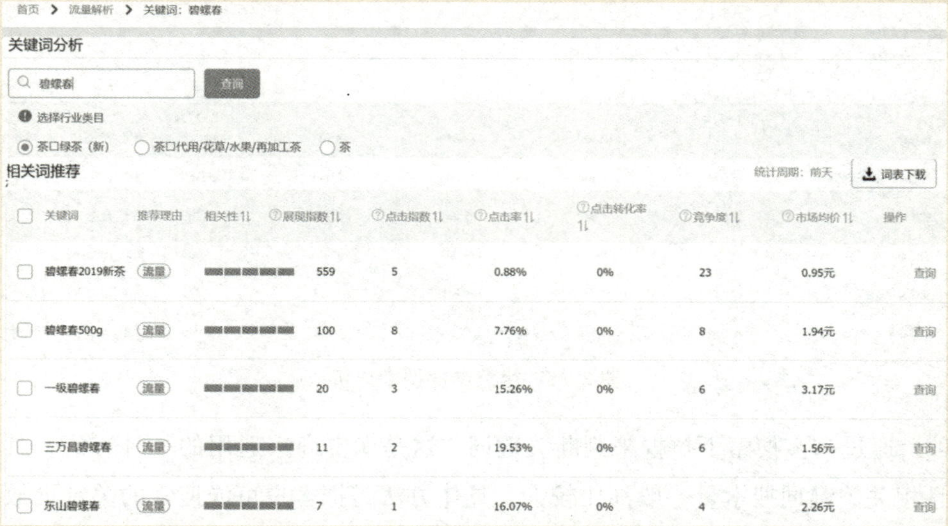

图 3-7　直通车后台“流量解析—关键词分析”

● 直通车推广计划中添加关键词：在直通车后台，打开相应的计划商品，单击添加关键词，进行核心关键词搜索，也可以得到相应结果。

除此之外，商家还可以通过查看竞争对手标题、看店宝等多种方式发现潜在关键词。

综上所述，通过诸多关键词工具查找关键词的思路基本一致，都是围绕客户数据开展，而对关键词的判断、选取、布局工作才是重中之重。

2. 关键词的选用和布局工作

收集好关键词以后，接着就是选择关键词，在标题中合理地穿插相关关键词，在属性中选择对应关键词，其对应的原则如下：

（1）前期以转化率高的长尾关键词为主，循序渐进拉动核心关键词。关键词筛选出来后，商家应该如何在诸多关键词中做选择呢？若选择核心关键词，虽然流量可观，但竞争太大，排名并不一定能够马上靠前；若选择长尾关键词，尽管流量可能不大，但竞争相对较小、精准性好，且长尾关键词排名提升也可以循序渐进拉动核心关键词的排名，所以建议新店商家初期推广时重点考虑有一定流量的长尾关键词，而一些有运作实力的商家可以选择核心关键词或者较为热门的关键词。

（2）尽量有效利用关键词合理地将标题字数使用到位，避免无效留空。以淘宝为例，标题共计可以写下 30 个字，要选择合适的关键词，尽量将 30 个字使用得恰到好处，毕竟每多放进去一个关键词，被客户搜索到的概率就会增加。很多商家在发布标题的时候空了大量标题字符，这是行业大忌。

（3）结合客户需求将商家、商品特点有效地融合在一起，避免生搬硬套。选择关键词，平台搜索数据是依据，但筛选的基础还在于商品特质，避免一味地迎合平台数据，如果关键词与商品契合度不高，那么即便是流量再大也无法保障后期转化。

（4）将合理的关键词有效组合，避免大量重复使用相似关键词，不要使用怪异的符号分割标题。在标题里大量重复铺设相似关键词会被淘宝认定为违规行为。

注意：当商家有大量同类产品时，需要避免所有商品选用共同的关键词，毕竟对同一店铺的同样关键词，淘系平台首页同时展示数量一般不超过两个，如果将相同的关键词布局在大量的同类商品上，就会造成关键词内耗和浪费。

3. 准确书写商品属性

商品属性乃至店铺介绍中的关键词是搜索文本检索的区域，因此在商品属性选择、填写的时候，适当融入关键词，也是触发搜索、扩充搜索优化排名的补充手段。图 3－8 和图 3－9 分别是商品属性的后台设置和前台显示。

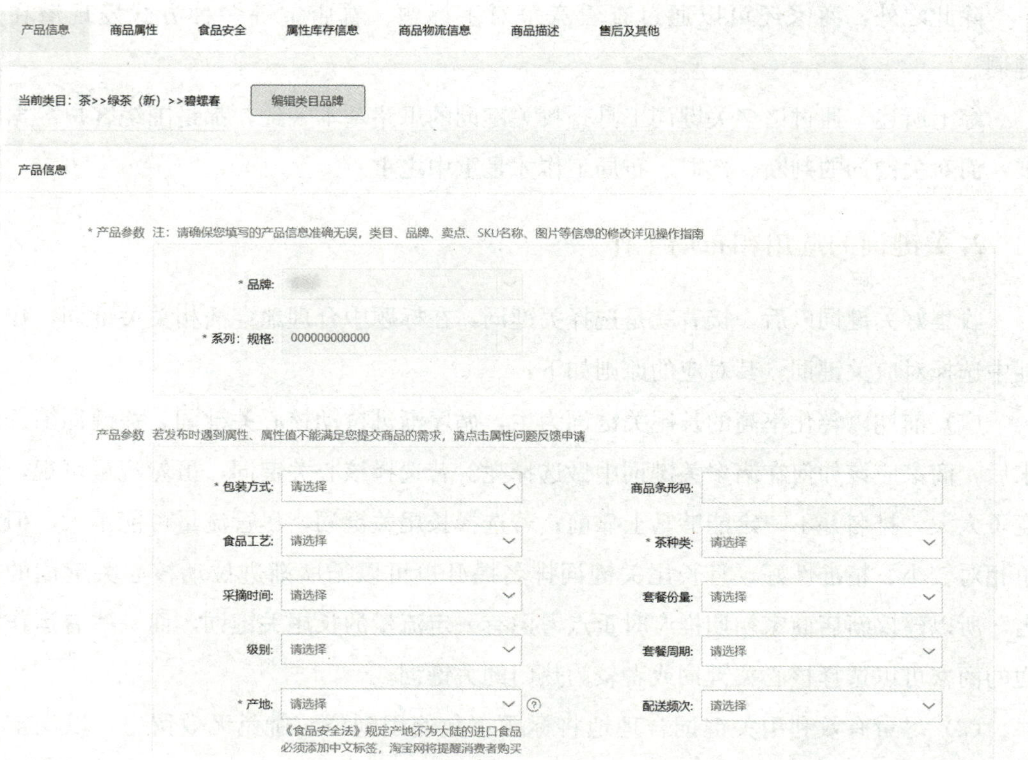

图 3-8 商品属性的后台设置

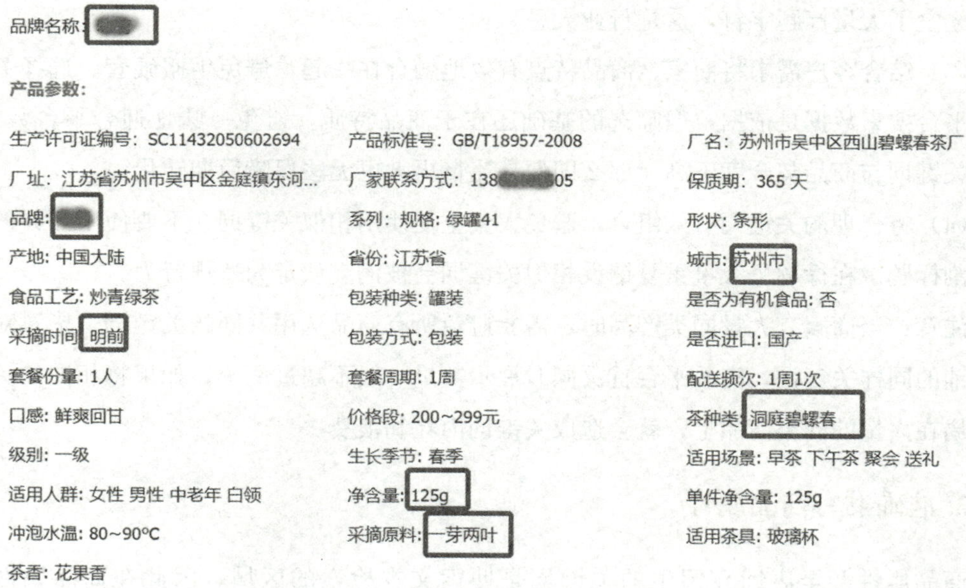

图 3-9 商品属性的前台显示

步骤4 做好商家日常服务工作

商品人气是做好搜索引擎优化工作的核心，前面提到的各种工作只是做好优化的基础，做好搜索引擎优化的关键还是要提升商品人气，这就要求商家做好日常工作，包括提升客服服务水平，做好客户对店铺及商品的收藏、加购、评价的引导工作。提升店铺转化率、客户的重复购买率、店铺DSR值，减少投诉率、纠纷率、退款率，当然，实现商品人气最重要的还是做好商品的选款、定价工作。

实践操作注意点

第一，淘宝每天有三个黄金时段需要抢占，分别是10:00—12:00，15:00—17:00，20:00—22:00。要保证产品在这三个时间段上架，有利于获得高峰期的免费流量。没有转化，再多的流量也没用。做好淘宝宝贝详情页，保证货源质量，做好服务才能获得更高的评分和较低的退货率。

第二，默认排序时，有几种商品可能被过滤：一是被处罚的商品；二是属性错误的商品；三是关联度差的商品。要定期检查宝贝，及时处理因侵权而被屏蔽的宝贝和滞销的宝贝，这样才能增加店铺的流量。

第三，宝贝展示图是决定买家对商品是否有深刻记忆的关键因素之一。商家需要特别注意的是，在上传展示图片之前要对图片进行美化，不要上传一些杂乱、未经修饰的宝贝原图。图片装饰太少，吸引不了买家的注意力；而过多的图片装饰又会脱离宝贝本身，失去初衷。想让自己店铺的宝贝被更多客户注意到，优化宝贝展示图非常重要。

第四，销量对客户购买转化率起关键作用，客户购买产品更看重销量和评价，越真实的评价对客户购买越能产生积极的影响。

第五，开通淘金币功能的宝贝能获得更高的排名。淘金币作为淘宝的主要优惠功能，自然会被赋予更多的流量。

第六，店铺优化前期和中期，商家不需要争夺大词排名，只需要把长尾关键词做好即可。随着权重的提升，宝贝会获得更高人气，但是并非精准的流量关键词才能获得行业类目大词流量。

任务练习

任务名称：根据搜索引擎优化的影响因素，做好搜索引擎优化工作。

任务要求：完成 3 款淘宝网店商品的优化工作，要求从类目选择、标题、属性、人气以及关键字的筛选、布局等方面进行有节奏的优化，避免出现违规情况，关注搜索引擎优化效果及整个过程，对实施过程、实施成效进行记录，填写表 3－1。

表 3－1 搜索引擎优化操作流程

优化项目	商品 1	商品 2	商品 3
类目			
标题			
属性			
人气			
关键字的筛选、布局			
避免违规			

任务评价

任务评价详见表 3－2。

表 3－2 任务评价表

项目	学习态度（15%）	团队合作情况（15%）	步骤完成情况（30%）	汇报情况（25%）	出勤情况（15%）	综合评价
个人评分						
小组评分						
老师评分						
综合得分						

课证融通知识和技能训练

在“1+X”网店运营推广职业技能等级证书标准中，与本模块对应的是网店推广里面的模块 2 SEO 优化。

一、单选题

1. 在针对爆款商品进行标题优化时，选择关键词要更倾向于（　　）。

A. 属性词　　B. 营销词

C. 长尾词　　D. 行业热词、短词

2. 淘宝标题的字数限制为（　　）个汉字以内。

A. 10　　B. 15　　C. 30　　D. 20

3. 对新品/滞销品进行标题优化，应该尽量选择的关键词是（　　）。

A. 曝光度高的词　　B. 行业短词

C. 竞争度小的词　　D. 行业热词

4. 商品标题“夏季女装连衣裙女装新款时尚女装裙子”出现的问题是（　　）。

A. 标题字符过长　　B. 关键词堆砌

C. 盗用其他品牌关键词　　D. 标题内容虚假

5. 下列关于商品标题优化的描述中，不正确的是（　　）。

A. 新品和滞销品的流量获取能力低于爆款商品，选择关键词时要尽量选择属性热词，以提高展现量

B. 对日常销售款商品进行标题优化时应尽可能包含较多的属性相关词

C. 商品标题优化是关键词的组合优化

D. 爆款商品标题应该选择行业热词、短词

6. 在 SEO 优化中，以下说法正确的是（　　）。

A. SEO 与 SEM 的关系为负相关

B. 搜索相关性包括类目的相关性和主图的相关性

C. 关键词可分为核心词、属性词、营销词等

D. SEO 是网店唯一获取平台免费流量的重要手段

7. 以下关键词中，属于属性词的是（　　）。

A. 蕾丝　　B. 针织裙

C. 2023 年新款　　D. 正品

8. 下列关于商品属性优化的说法中，正确的是（　　）。

A. 填写系统属性时，无须将所有属性项目填写完整

B. 无论是系统属性还是自定义属性，都应该准确填写

C. 属性中的词语不参与关键词的匹配，也不影响商品的排名

D. 属性中的词语不参与关键词的匹配，但是影响商品的排名

9. 优化图片可以大大提升客户的搜索体验，以下关于图片优化内容的描述中，不正确的是（　　）。

A. 详情页内的图片风格要统一，构图要整齐划一，中规中矩

B. 图片的相关性至关重要

C. 图片要求真实，不能模糊、变形

D. 图片应该能够准确地将诉求点表达出来

10. 以下不属于标题制作误区的是（　　）。

A. 堆砌关键词

B. 盗用知名品牌词

C. 根据生意参谋提示撰写标题

D. 直接复制爆款标题

11. 以下关于网店权重的描述中，不正确的是（　　）。

A. 权重越高，搜索排名则越靠后

B. 网店权重是指搜索引擎根据网店表现给出的一个综合评分

C. 网店权重是网店在搜索引擎中的可信赖度

D. 网店权重是搜索引擎对网店的排名依据

12. 下列关于商品描述质量的说法中，不正确的是（　　）。

A. 商品描述完整准确可以提高商品描述质量

B. 商品描述质量主要包括标题和详情页的描述质量

C. 商品描述会影响商品排名和店铺信誉

D. 平台倾向于能够提供详情页与主图清晰美观的卖家

13. 下列关于商品人气的相关描述中，不正确的是（　　）。

A. 曝光量的提高一定可以提高商品人气

B. 商品人气的影响指标主要有曝光量、点击率、转化率、加购人数、收藏人数、销量等

C. 商品人气是指商品的交易转化能力

D. 商品人气表现好，说明该商品符合大多数买家的需求

14. 下列关于关键词的说法中，正确的是（　　）。

A. 核心词数量庞大，搜索量也非常大

B. 营销词往往是突出商品卖点、展现品牌信誉等的词汇

C. 关键词的字数是大词和小词的划分依据

D. 长尾词的总体数量较少，但是搜索量很大

15. 以下不属于商品标题特点的是（　　）。

A. 告诉搜索引擎网店卖的商品是什么

B. 告诉潜在买家网店卖的商品是什么

C. 影响商品自然搜索排名

D. 影响买家购物体验

二、多选题

1. 以下关于精准长尾词的描述中，正确的是（　　）。

A. 长尾词搜索人气相对较低

B. 搜索长尾词的消费者往往带有明确的购买意向

C. 设置精准长尾词可以有效控制花费

D. 设置精准长尾词可以实现精准引流

2. 在淘宝搜索关键词后，其搜索结果展示位置主要分为（　　）。

A. 主搜区底部　　B. 主搜区左侧

C. 主搜区右侧　　D. 主搜区

3. 在对详情页文案进行优化时，通常采用的方式是（　　）。

A. 文本内容优化　　B. 商品卖点提炼

C. 文本格式优化　　D. 文本图片优化

4. 关键词的选取原则有（　　）。

A. 选择能代表商品或服务的关键词

B. 根据商家不同的推广需求，策划合适的关键词

C. 扩展尽可能多的关键词，以便获得更多潜在受众的关注

D. 站在潜在客户的角度，设想潜在客户会用什么样的词搜索此类商品或服务

5. 以下关键词中，属于商品属性词的是（　　）。

A. 系带　　B. 包邮

C. 印花　　D. 连衣裙

6. 某连衣裙的商品标题为“新款印花雪纺连衣裙收腰时尚法式百搭裙子”，标题中包含的营销词有（　　）。

A. 印花　　B. 时尚　　C. 百搭　　D. 新款

7. 以下属于关键词违规的是（　　）。

A. 商品关联度低　　B. 违反《广告法》

C. 违反所在平台规则　　D. 搜索量低

8. 在 SEO 优化中，商品权重主要由（　　）决定。

A. 商品产出　　B. 商品售价

C. 商品人气　　D. 作弊处罚

9. 以下属于关键词常见挖掘方法的是（　　）。

A. 生意参谋　　B. 直通车选词助手

C. 百度关键词规划师　　D. 搜索下拉框

10. SEO 的搜索排名影响因素主要有（　　）。

A. 商品描述质量　　B. 商品权重

C. 相关性　　D. 卖家服务质量

11. 在 SEO 优化中，以下关于商品文本内容优化说法正确的是（　　）。

A. 文本内容应简练

B. 文本内容应该考虑买家需求，针对商品卖点打造创意

C. 文本内容要真实

D. 文本内容不应该空洞，要能够传递商品和店铺的信息

12. 相关性主要包括（　　）。

A. 标题相关性　　B. 属性相关性

C. 店铺相关性　　D. 类目相关性

13. 网页标题的优化通常从（　　）入手。

A. 优化网页标题的可读性　　B. 优化网页标题的字数

C. 优化设置独立的网页标题　　D. 优化网页标题关键词

14. 影响搜索排名的核心因素有（　　）。

A. 权重　　B. 服务质量

C. 相关性　　D. 描述质量

15. 商品标题一般由（　　）等组成。

A. 核心词　　B. 品牌词

C. 营销词　　D. 属性词

三、判断题

1. 对日常销售款标题优化，应该以商品的核心词为基础进行关键词拓展。(　　)

   A. 正确　　　　　　　　B. 错误

2. 关键词质量分是指搜索推广中衡量关键词与推广商品信息和用户搜索意向三者之间相关性的综合性指标。(　　)

   A. 正确　　　　　　　　B. 错误

3. 分词是指将信息里的关键词拆分成单个的字，根据分词后的字进行关键词的扩展。(　　)

   A. 正确　　　　　　　　B. 错误

4. 关键词的质量分是 SEM 关键词排名与扣费的重要影响因素，质量分越高，越能以较小的花费获得较好的排名。(　　)

   A. 正确　　　　　　　　B. 错误

5. 网站链接的作用是整合网页的路径，在方便用户浏览网页的同时，为搜索引擎提供爬取网页的通道。(　　)

   A. 正确　　　　　　　　B. 错误

6. 长尾词的总体数量非常庞大，搜索量较小，竞争度低，转化率低。(　　)

   A. 正确　　　　　　　　B. 错误

7. 从 SEO 优化的角度，属性中的词语能够参与到关键词匹配中，影响商品的排名。(　　)

   A. 正确　　　　　　　　B. 错误

8. 频繁修改商品标题不会导致网店权重降低。(　　)

   A. 正确　　　　　　　　B. 错误

9. 详情页文案包括商品介绍、宣传语、促销信息，不包括售后条款、购物指南、支付与配送信息等。(　　)

   A. 正确　　　　　　　　B. 错误

四、实践操作题

微　课

SEO优化1
关键词分类

与本模块对应的是网店推广实训里面的工作领域一 SEO 优化。

根据二维码讲解，完成“1＋X”网店运营推广考证平台网店推广实训里面的工作领域一 SEO 优化中的任务 2 标题优化，主要包括以下任务：

★ 标品爆款商品标题优化。

★ 标品新品/滞销品商品标题优化。

★ 非标品爆款商品标题优化。

★ 非标品新品/滞销品商品标题优化。

微　课
SEO优化2
关键词挖掘（搜索人气）

微　课
SEO优化3
关键词挖掘（排名）

微　课
SEO优化4
组合长尾词

项目 4　网店付费推广

学习目标

◆ **知识目标：** 熟悉网店付费推广的主要形式、主要特征，牢牢掌握网店付费推广的要求、流程节点等应用知识，掌握网店运营推广（中级）证书考试中与 SEM 推广及信息流推广相关的知识。

◆ **能力目标：** 能够独立完成淘系网店付费推广实施；能够熟练完成网店付费推广的操作流程；能够清晰掌握网店付费推广技能要点，具备基本的网店付费推广思路；能够举一反三完成其他类商品网店的付费推广工作；能够独立完成网店运营推广（中级）证书考试中的 SEM 推广及信息流推广实训。

◆ **素养目标：** 培养协作精神和沟通能力，具备推广农产品的家国情怀，培养弘扬民族文化的道德情操。

知识结构

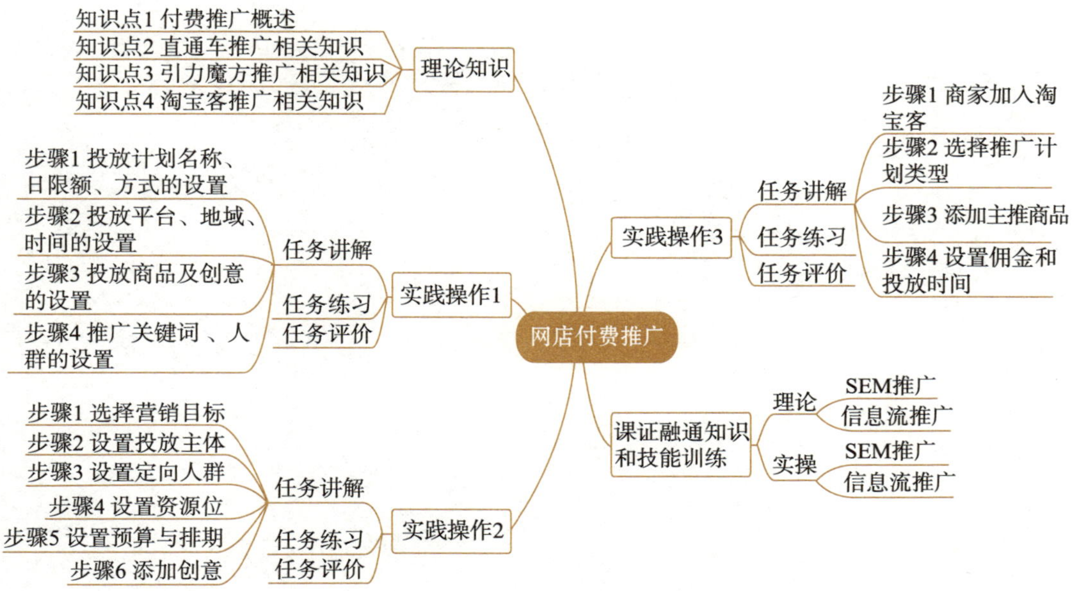

素养园地

党的二十大报告明确指出，“必须坚持在发展中保障和改善民生，鼓励共同奋斗创造美好生活，不断实现人民对美好生活的向往”。一个企业并不是一朝一夕就能成功的，需要以人为本，利用发展的眼光经营，满足消费者的需求。企业在利用直通车、引力魔方、淘宝客进行推广时，也要以人为本，找准消费者的消费痛点，精准定位人群，才能实现推广的目的。“人无信不立，商无信不远”，付费推广过程中还需要遵守诚信之道，不弄虚作假，具备系统意识、逻辑缜密的运营思维。

思考 碧螺春茶厂网店应该如何开展付费推广工作？有哪些注意事项呢？

理论知识

了解站内付费推广

知识点 1 付费推广概述

站内付费推广是网店流量的重要来源之一，尤其是在当下网店激烈竞争的时代，站内付费推广以其多样性和高效性广受商家推崇。

按照当下广告扣费的形式划分，站内付费推广主要表现为 CPC 推广、CPM 推广、CPS 推广三种主要形式，例如业内常讲的淘宝直通车、京东快车、多多搜索等就是 CPC 推广的典型代表，淘宝钻石展位、京选展位等是 CPM 推广的典范，淘宝客、京挑客是业内代表性的 CPS 推广。另外，还有淘系超级推荐、拼多多场景等各式的付费推广，还可以更为细化的分为 CPD、CPL 等付费形式，但总体从形式上都是 CPC 推广、CPM 推广、CPS 推广的延伸。

淘宝平台现在常见的推广工具有直通车、超级推荐、引力魔方、淘宝客、极速推和达摩盘，其中直通车是搜索广告，超级推荐和极速推是推荐广告，引力魔方是展示广告，淘宝客是按转化付费的广告，达摩盘是建立标签圈人的工具，是标签工具。

知识点 2 直通车推广相关知识

微 课

CPC推广的范畴及重要性

1. 直通车展示位置

在目前的网络推广方式中，CPC 推广几乎是所有平台的标配，直通车就是最常见的 CPC 推广，直通车是指商家通过后台关键词、创意文案、排名出价等设置，将广告展示在客户面前，按照客户点击付费（CPC）的一种广告模式。网店创建好之后，首先选取的付费推广方式就是直通车。直通车主要展示在以下位置：

（1）电脑端主要展示位有三处。

- 关键词搜索结果页第一行四个带“广告”字样的商品。
- 关键词搜索结果页右侧掌柜热卖16个。
- 关键词搜索结果页底部掌柜热卖5个。

（2）移动端主要展示位。移动端直通车展示位是搜索结果中带有“广告”字样的宝贝，并且和自然搜索结果混排在一起，不同的移动设备展示位会有所区别。

2. 直通车准入条件

商家参与平台的各种付费推广都有一定的要求，并非可以无条件参加。要参加淘宝直通车，商家就要在违规方面、店铺经营情况等方面符合一定的要求。

（1）违规方面要求。店铺如因违反《淘宝平台规则总则》中相关规定而被处罚扣分的，要符合表4-1中的条件。

表4-1 店铺违规直通车准入条件

违规类型	当前累计扣分分值	距离最近一次处罚扣分的时间
出售假冒商品	24分及以上	满90天
严重违规行为（出售假冒商品除外）	大于等于6分，小于等于12分	满30天
	大于12分，小于48分	满90天

（2）店铺经营要求。店铺状态正常，用户状态正常，淘宝店铺的开通时间不低于24小时。

3. 直通车运营思路

直通车主要应用于商品推广引流，但在实际操作过程中，由于商家发展阶段不同、运营水平不同、运营目标不同，直通车又可以延伸出不同的运营思路，主要包括以下几个方面：

（1）辅助商品推广，以直接盈利为目的。

对于部分初级或者保守型商家而言，开直通车是为了辅助商品推广、稳定盈利。因此通常的做法就是选择优质商品，精准化平台、区域、时间投放、优化创意，选择高转化关键词，精准化人群溢价投放，不断降低成本、高效带动宝贝销售，稳定获取利润。

（2）应用于测试，以宝贝选款、测图为目的。

直通车受众多数以关键词搜索为基础，购物目的明确，短期内能快速曝光，因此部分成熟商家将直通车应用于前期选品和测图。通常的做法是适度投放（平台、时间、区域）设置、选取高流量转化关键词、高出价以达到快速曝光、快速积累客户点击率，通过点击率、收藏、加购情况来判断直通车创意图片及宝贝的受欢迎度，从而为图片优选和选款寻找依据。这种行为一般是短期的，持续一到两周即可。

（3）应用于提升宝贝标签精准化，明确运营人群。

由于当下千人千面个性化展示的推行，商品标签在日常运营中的权重不断提升，因此快速提升宝贝标签精准化是运营的关键环节，同时由于直通车在转化及人群定向上的突出优势，利用直通车快速提升宝贝标签精准化也成为成熟商家前期推广的惯用手法。通常的做法是在前期开启区域投放、选取精准大词、低出价、开启定向人群高溢价、不断地获取精准人群流量、点击和转化率，从而迅速提升宝贝标签精准化。

（4）以拉动自然搜索打造爆款为目的。

由于直通车具有带动自然搜索的功效，且自然搜索流量成本更低，因此部分成熟的商家会利用直通车运营拉动自然流量，以追求潜质商品迅速热卖、持续盈利，表面上看直通车投入提升了，但综合投入回报比更高。通常的做法是在完成测款、测图、宝贝标签精准化后，商家持续进行关键词高出价、人群定向溢价，不断拉动大量关键词自然搜索排名靠前，当自然流量高于直通车流量的时候，慢慢地减少直通车投入。当然，这种做法的前提条件是保障搜索引擎优化流量的转化率，有节奏地减少直通车投入。

（5）以蓄积流量，提升活动效果为目的。

部分商家为了使活动达到更好的收效，也会在活动前进行大量的直通车引流，为活动蓄积流量。通常的做法是在活动前期选取类目和高流量词以及对活动感兴趣的人群，为活动爆发期蓄积流量，活动开始后定向选择针对性的已浏览人群、购物车人群进行精准投放，促进转化。

知识点3 引力魔方推广相关知识

引力魔方是在手机淘宝首页的猜你喜欢等推荐场景中穿插原生形式信息的推广产品，是融合了猜你喜欢信息流和首焦资源位的全新推广产品，是超级推荐和钻石展位的结合体。从消费者入淘浏览、点击收藏、加购到订单成交，引力魔方流量资源场景均有覆盖，解决了商家生意投放的流量瓶颈。

引力魔方的优势主要体现在以下几个方面：

• 全场景覆盖：覆盖超过7亿用户，囊括手淘核心推荐渠道，即手机淘宝首页焦点图、手淘猜你喜欢（首页、购物车、支付成功）、微淘、直播广场、有好货、高德、优酷、支付宝等淘内外核心资源，迎合消费者“逛”的需求，引爆网店在推荐场景中的流量。

• 多创意沟通：支持商品、图文、短视频、直播间、淘积木等多种创意形式，以更丰富的形式与消费者进行沟通。

• 数据技术驱动：基于阿里巴巴大数据推荐算法，赋能全方位定向体系，从商品、店铺、类目、内容、粉丝等多维度帮助商家精准找到潜在消费者。

引力魔方展现高低是根据定向人群、出价和创意体现的，不同尺寸的创意图会在不同场景展示。

知识点4 淘宝客推广相关知识

1. 淘宝客推广资源

与CPC推广、CPM推广相对应，CPS推广是一种按照成交来计费的广告推广模式，其流程由推广者借助于自己的网络资源帮助商家推广商品，客户通过推广的链接进入并完成交易后，商家给推广者支付一定比例的佣金，如图4-1所示。

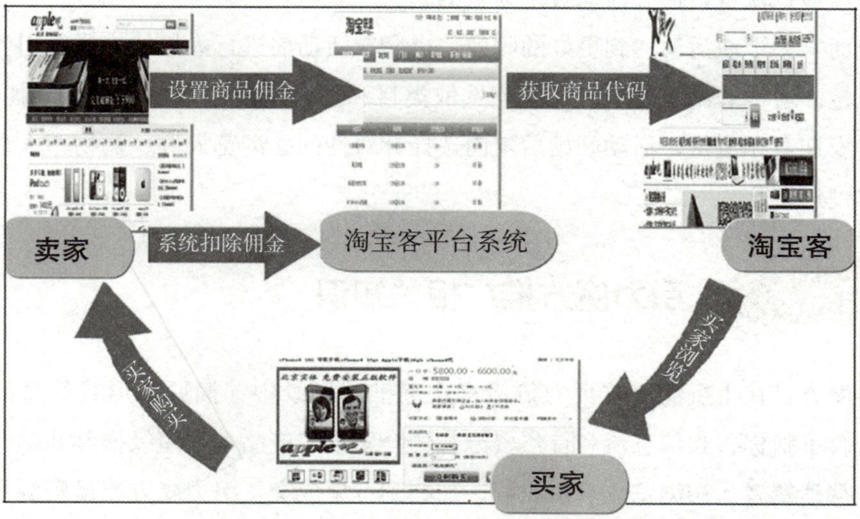

图4-1 淘宝客工作原理

淘宝客是一种典型的 CPS 推广，类似于传统销售方式中的导购人员。作为导购人员，只要具备网站、App、导购端、软件资源（见图 4－2）就可以将商家广告植入到自己的这四种资源里面，由于多数人都有导购资源，如独立网站、QQ 群、微博、微信群等，因此大多数人都可以自己做淘宝客。也正是如此，商家淘宝客推广的产品被展示的区域也多种多样，例如目前人们熟悉的花生日记、返利、省钱快报等 App 都是大型淘宝客，淘宝达人也多是以淘宝客的形式与商家建立合作关系，还有微信渠道的推广，很多大型淘宝客通过建立多个微信群分享淘客链接帮助商家推广。

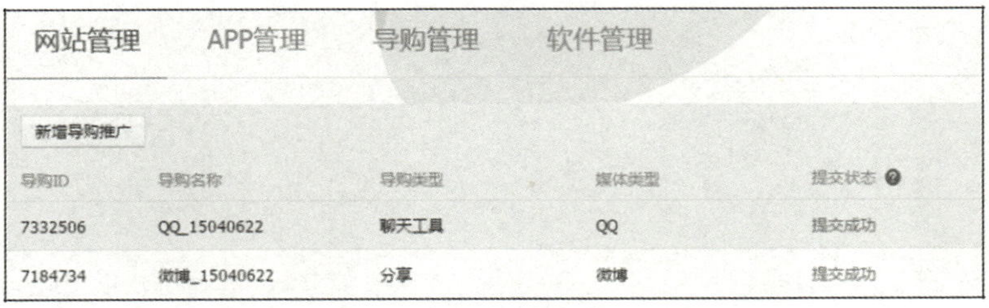

图 4－2　淘宝客具备的四种推广资源

2. 商家加入淘宝客的条件

对于商家而言，如果要加入淘宝客，除了违规方面的要求外，还有明确的具体要求，包括对商家店铺信誉、产品数量和店铺动态评分等的，见表 4－2。

表 4－2　加入淘宝客的店铺要求

店铺类型	店铺信誉	产品数量	店铺动态评分
集市店铺	个人店铺信用等级一心及以上或参加了消费者保障计划	正常且出售中的商品数≥10 件	店铺动态评分各项分值均不低于 4.5
企业店铺	企业店铺信用度等级＞0	正常且出售中的商品数≥10 件	店铺动态评分各项分值均不低于 4.5
天猫店铺	无要求	正常且出售中的商品数≥10 件	店铺动态评分各项分值均不低于 4.5

实践操作 1 直通车推广

打开“卖家后台—营销中心—我要推广”，如图 4－3 所示。

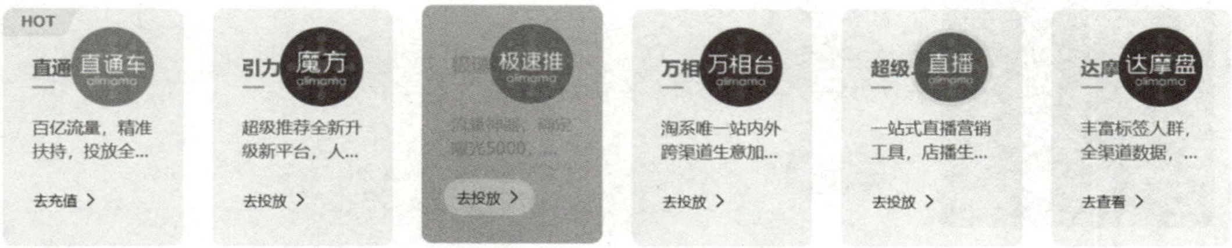

图 4－3　淘宝后台推广中心界面

首次使用直通车推广需要签订《淘宝直通车软件服务协议》，因为直通车广告是按照点击付费的，所以商家需要预先充值，如图 4－4 和图 4－5 所示，然后才能开始使用，进入直通车首页。

淘宝直通车软件服务协议

生效日期：2022年07月01日

提示条款

欢迎您与阿里妈妈共同签署本《淘宝直通车软件服务协议》并使用淘宝直通车软件服务！

各条款前所列索引关键词及标题仅为帮助您理解该条款表达的主旨之用，不影响或限制本协议条款的含义或解释。为维护您自身权益，建议您仔细阅读各条款具体表述。

【审慎阅读】您在点击确认本协议或使用淘宝直通车软件服务之前，应当认真阅读本协议。**请您务必审慎阅读、充分理解各条款内容，特别是免除或限制责任、法律适用和争议解决等以粗体下划线格式特别标识的条款，您应重点阅读。**如您对本协议有任何疑问，可向阿里妈妈客服咨询。

【签约使用】当您点击确认本协议或使用淘宝直通车软件服务时，即表示您已充分阅读、理解并接受本协议的全部内容，并与阿里妈妈达成一致。**本协议自您点击确认本协议之时起或使用淘宝直通车软件服务的行为发生之时起（以时间在先者为准）生效。如果您不同意本协议或其中任何条款约定，您应立即停止使用淘宝直通车软件服务。**

图 4－4　淘宝直通车软件服务协议

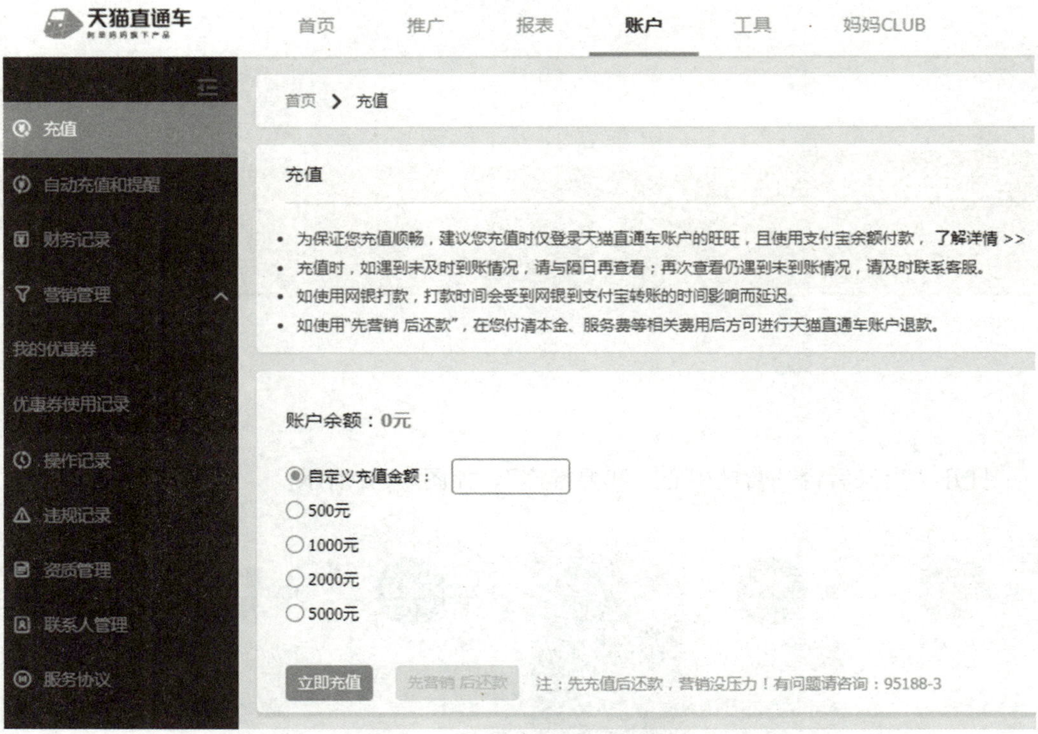

图 4－5　淘宝直通车充值界面

目前，新版直通车推广后台的常规推广主要包括标准推广和智能推广两类，其中智能推广是系统为初级使用者推荐的便捷推广方式，商家只需简单设置，系统便会为其匹配流量。对于一般商家而言，系统默认标准计划可新建 8 个，智能计划可新建 20 个，当然，根据商家运营能力的提升，消费额度的提升，商家也可以申请开通更多数量的计划，下面以标准推广为例，具体介绍直通车推广操作流程。

打开直通车后台，在标准推广下，单击“新建计划”，接着将进行直通车流程的操作，分别是推广设置、推广方案、创建完成。

步骤 1　投放计划名称、日限额、方式的设置

该步骤主要是对投放计划名称、日限额、方式的设置，即商家可以根据要推广的商品情况，合理的规划设置，以达到有目的的在预算内精准推广的目的，如图 4－6 所示。

图 4-6　直通车投放设置

步骤 2　投放平台、地域、时间的设置

在投放平台的设置中，商家可以选择将推广商品投放在计算机设备（默认），也可以投放在移动设备；可以选择投放在淘宝站内，也可以选择投放在站外；可以选择搜索结果推广投放，也可以选择定向位置投放。具体投放位置如图 4-7 所示，但是定向投放只对一钻及以上卖家和天猫卖家开放。在投放地域的选择中，可以具体到以地级市为单位，如图 4-8 所示。在投放时间的选择中，可以具体到 7 天×24 小时的某半个小时，如图 4-9 所示。

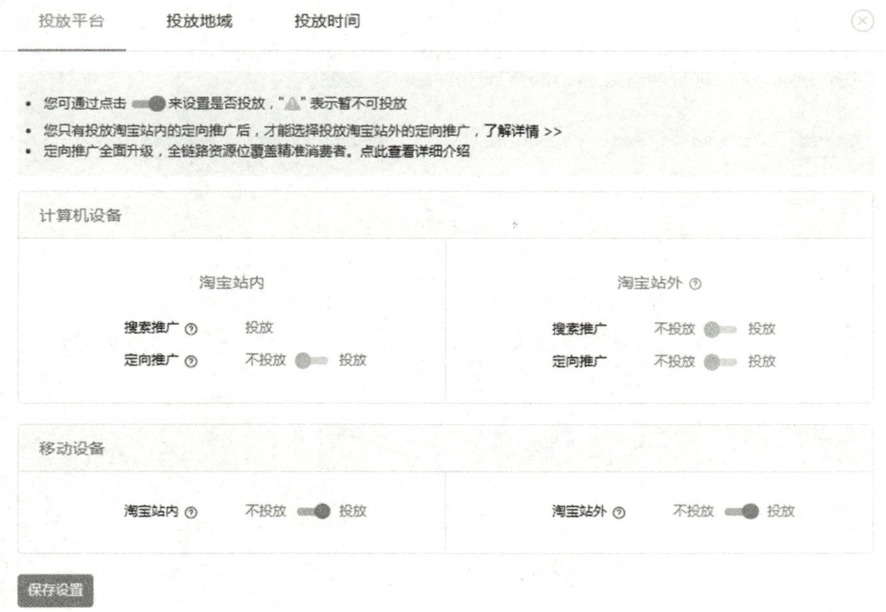

图 4-7　直通车投放平台设置

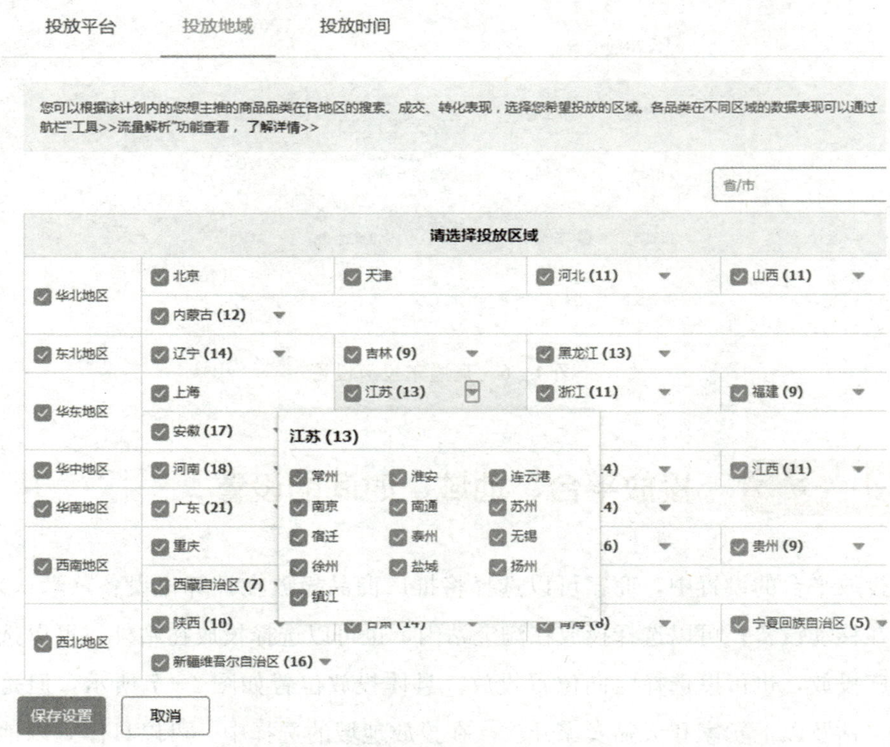

图 4-8　直通车投放地域设置

图 4-9　直通车投放时间设置

步骤 3 投放商品及创意的设置

在单元设置中具体选择目前店铺要推广的商品，一个计划下面最多可以选择 500 个宝贝，如图 4-10 所示。

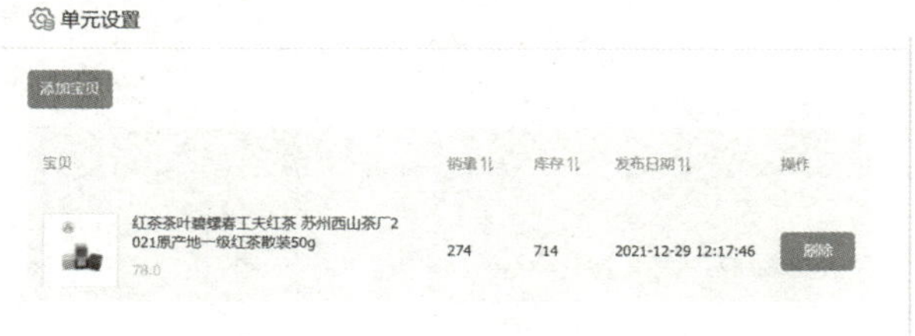

图 4-10 设置具体要推广的商品

在创意设置部分，主要是广告展示的内容，默认是投放商品的主图和简化标题，如要修改具体创意，可以在方案完成后再对图文进行调整。

步骤 4 推广关键词、人群的设置

该步骤主要包括商品推广关键词添加、关键词出价及投放人群添加和溢价设置。商家可以根据客户需求进行关键词选择和关键词出价（见图 4-11）。基于这些关键词，商家也可以添加相应人群，并对针对性人群进行溢价设置，增加广告创意在对应人群中的优先曝光量。在这里，添加访客人群包括宝贝定向人群、店铺定向人群、行业定向人群、基础属性人群和达摩盘人群，如图 4-12 所示。

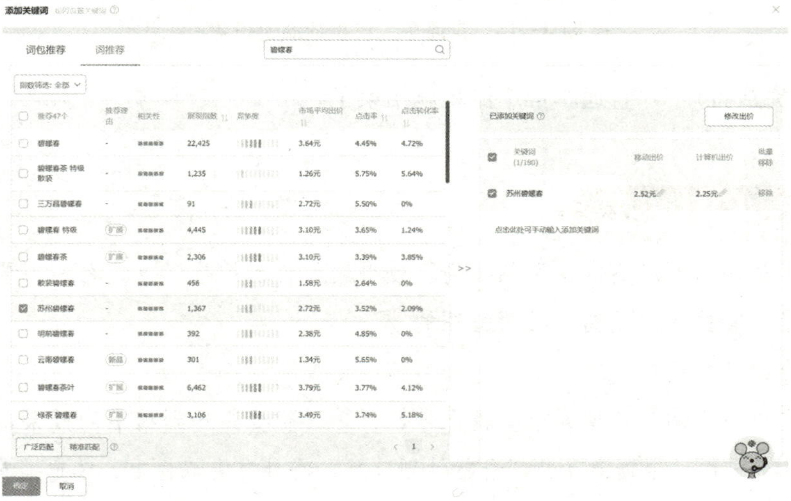

图 4-11 直通车关键词出价

图 4-12　直通车人群设定

可以针对定向推广人群设置溢价，如图 4-13 所示。

图 4-13　直通车人群投放溢价设置

单击“完成推广”，直通车推广流程就结束了。

实践操作注意点

直通车是淘系网店商家使用频度高、效果较为突出的推广方式之一。要高效地应用好直通车，有些要点是商家必须关注的。

1. 精准的计划设置

网络广告最大的优势就在于其精准性，计划设置要想达到精准的效果，其影响因素有以下几个方面：根据商品特征进行计划分配，将具有类似权重、客户消费特征（时间、平台、区域）的宝贝放置在同一计划下面，可以共享日预算、投放平台、时间、区域等因素，达到精准投放的效果。由于商家一般都会给予权重高、回报率高的商品大量付费推广预算，因此适合放置在同一个计划下面共享高预算；由于客户消费特征类似的商品，其客户网络购物时间、平台、区域特征相对一致，因此也适合放置在同一个计划中。

总之，要综合多个纬度考虑，将不同的商品放置在同一个计划中，要充分考虑商品是否在客户消费行为上具备相同的预算、投放平台、区域和时间等共同特征，尽量将这些指标做到精准化。

2. 优质的选品（单元）

推广的目的是成交，因此选品和创意也是其中的重要环节，优秀的创意设置影响着广告曝光后客户的关注、点击，而有竞争力的选品是影响最终成交的关键。因此在推广之前，要充分对比，查看商品在品质、功能、工艺、款式、风格、价格、基础销量、客户评价等方面是否具备明显的优势，再决定推广。

3. 恰当的关键词设置

关键词选择得恰当与否与排名如何、投放人群怎样都直接影响着客户能否点击以及后期转化的程度，因此恰当的关键词选择与投放不可或缺。

关键词选择、出价及投放人群方面要注意选词的适用性，预算充裕的商家可以选核心词、高出价、广泛人群投放，以达到获得更多的关注和转化的目的；初级商家则要重视精准度、投入回报比（ROI）、量入为出，根据目标要求选择适合的关键词、出价，自定义人群定向溢价，以达到精准营销的目的。

需要强调的是，直通车实际支出不是严格按照出价扣费的，而是由竞争对手出价和自己关键词质量决定的，扣费＝(下一位的出价×下一位的质量得分)/自己的质量得分＋0.01元。关键词质量分为1～10分，关键词质量分高不仅可以大大提升排名，而且还可以达到降低单次点击出价的效果。质量分的高低是由商品关键词和标题、创意相关度，推广商品创意的点击量、点击率、转化率等诸多因素共同决定。

4. 优秀的文案创意设置

创意是客户与商家的第一个触点，创意优秀不仅可以提升访客量，而且有助于促进客户购买，因此优秀的文案创意非常重要。

在创意方面，要综合借鉴优秀的竞品创意文案做好推广图片、标题，充分地体现出商品优势，紧扣客户痛点。在推广中，充分利用系统提供给每个推广商品的4组广告创意机会（在创建成功的计划中调整），不断优化提升商品点击率、转化率。

5. 持续的推广方案优化

直通车投放效果受展现量、点击率、关键词质量分和投入回报比（ROI）等多个因素影响，但从盈利的角度讲，最终还在于投入回报比，因此优秀的直通车推广方案不是一成不变的，而是需要商家根据呈现效果不断进行动态调整，持续优化。

综上所述，商家高效地开展直通车运营不单是某个环节的问题，它需要商家根据运营目标进行综合考虑，包括：前期选品、定价、视觉装修、基础销量评价铺垫；投放过程中，宝贝计划分配、预算设置，投放平台、区域、时间优选，推广关键词、出价、精准人群定向优化，4 组创意补充；投放后客服跟进、效果跟进，不断优化预算、投放设置、优化关键词、优化关键词出价、优化人群定向，从而带动正向循环，达到不断提升曝光率、点击量、点击率、收藏数、加购率、支付转化率、关键词质量分、投入回报比的目标。

任务练习

任务名称：掌握淘宝直通车推广的流程及要点。

任务要求：开展淘宝网店的直通车推广工作，依次完成计划创建各环节，仔细观察计划设置中限额、投放区域、平台、时间的设定，仔细观察直通车推广选品、创意、关键词、人群选择的差异性，关注推广成效，不断优化设置。操作时填写表 4－3。

表 4－3　直通车推广流程

推广设置项目	直通车推广 1	直通车推广 2	直通车推广 3
计划类型			
计划名称			
投放日限额			
投放方式			
投放平台			
投放地域			
投放时间			
投放商品及创意			
推广关键词			
关键词出价			
投放人群			
溢价			

任务评价

任务评价详见表 4－4。

表 4－4　任务评价表

项目	学习态度（15%）	团队合作情况（15%）	步骤完成情况（30%）	汇报情况（25%）	出勤情况（15%）	综合评价
个人评分						
小组评分						
老师评分						
综合得分						

实践操作2

引力魔方推广

引力魔方计划创建流程为“计划组—计划—创意”，计划组主要是选择计划整体的类型，以及对计划进行管理；计划主要是设置投放主体、定向人群、资源位、预算与排期；创意就是绑定创意并完成创建。

引力魔方计划组的类型主要有标准计划、投放管家。标准计划商家可以自定义投放主体、人群圈层，将商品投放至淘宝焦点图、猜你喜欢等核心资源位，投放更精准。投放管家是依托大数据，高效创建智能调优，由系统自动投放。投放管家操作中，商家只需简单设置投放主体、预算、投放日期即可。我们主要以标准计划来介绍引力魔方推广流程。

步骤1 选择营销目标

营销目标是商家自己要达成的目的，一旦确定，后续在资源位设置中会更有针对性。营销目标可以是全店宝贝推广或者店铺人群运营，针对全店宝贝推广，可以进一步设置促进曝光、促进点击、促进加购、促进成交的目标；针对店铺人群运营，可以设置提升兴趣新客人数、提升首购新客人数的目标。如图4－14所示。

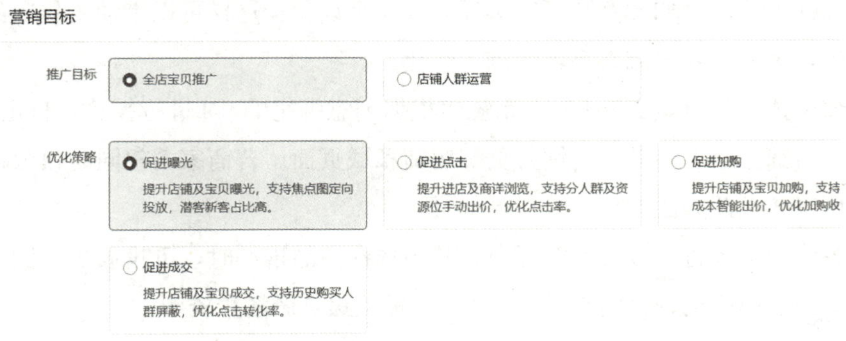

图4－14 选择营销目标

步骤 2　设置投放主体

投放主体是投放计划的核心内容，主体类型可以是商品推广、店铺、自定义 url（统一资源定位符），如图 4－15 所示。

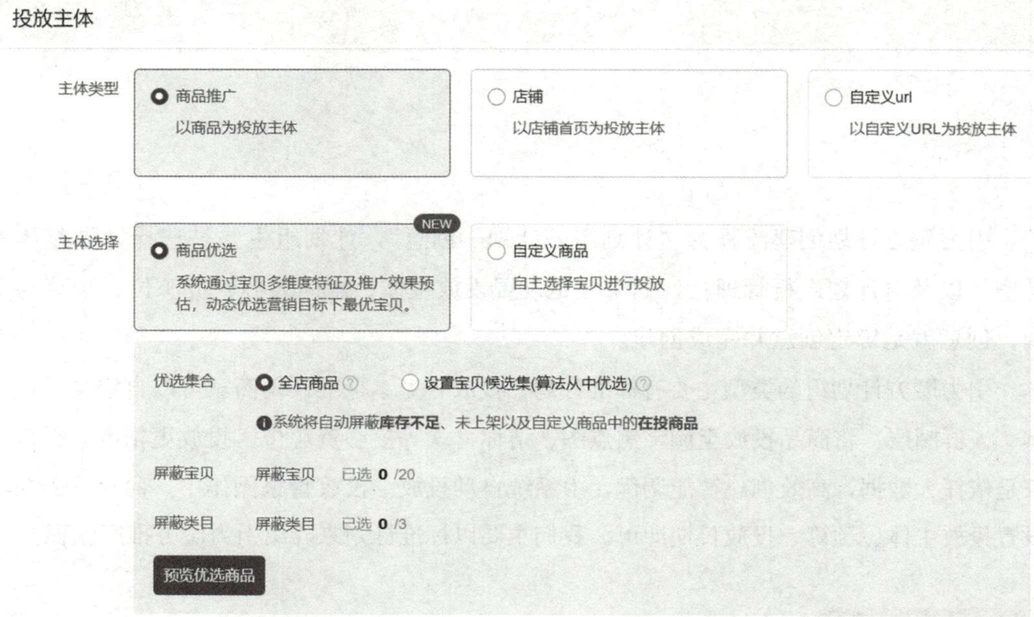

图 4－15　投放主体设置

商品推广是针对单一宝贝进行的投放，每条计划支持的商品主体上限为 10 个。一个计划下绑定的人群和资源位对所有商品生效。

当投放主体选择店铺时，系统将自动获取账号背后绑定的店铺进行投放。此方式是以店铺首页为推广主体，适合店铺权重较高、产品相关性高、联动营销做得很好的店铺，用户黏性很好，例如卖女装可以选择投放这个计划，这样可以带动销售，给了客户更多的选择，降低了客户流失率，促进了转化。

当投放主体选择自定义 url 时，系统将根据创意绑定的 url 进行投放。自定义 url 包括淘积木、店铺二楼、商品、店铺首页等店铺私域页面。若商家希望同时投放商品和店铺，那么可以通过此方法实现。

投放主体的选择将直接影响资源位，其中选择商品推广时，可投放焦点图及信息流场景资源；当选择店铺、自定义 url 时，仅可投放焦点图场景资源。

步骤 3　设置定向人群

设置定向人群的目的是设置广告展现给特定人群，包括智能定向和自定义人群。智能定向根据兴趣点、人口属性等特征，通过大数据自动圈选与商家投放主体契合的人群。智能定向操作空间较小，因为人群定向都是由 AI 智能生成，根据产品的人群标签和前期进店人群，通过大数据不断筛选，持续推送给系统认为与商家产品高匹配度的人群。商家计划的目的如果是专属拉新，那么可以设置屏蔽近 15 天已购买的人群。

自定义人群是根据推广目标自定义选择细分人群，达成营销目标。自定义人群定向的主要步骤有选择种子人群、扩展人群规模、屏蔽非目标人群。

1. 选择种子人群

主要是根据兴趣意图选定常用人群，包括以下人群，如图 4－16 所示：

（1）关键词兴趣人群：基于各类关键词进行人群圈选，支持系统推荐以及自定义表现填写。

（2）店铺相关人群：根据近期消费与店铺行为进行智能化圈选，包含店铺智选、相似店铺、店铺优质人群等。

（3）宝贝相关人群：对相似宝贝感兴趣的人群，宝贝相关人群是店铺内某宝贝的兴趣/互动人群，优质宝贝人群基于宝贝行为人群特征进行拓展。

（4）小二推荐人群：由相关活动推荐的人群。

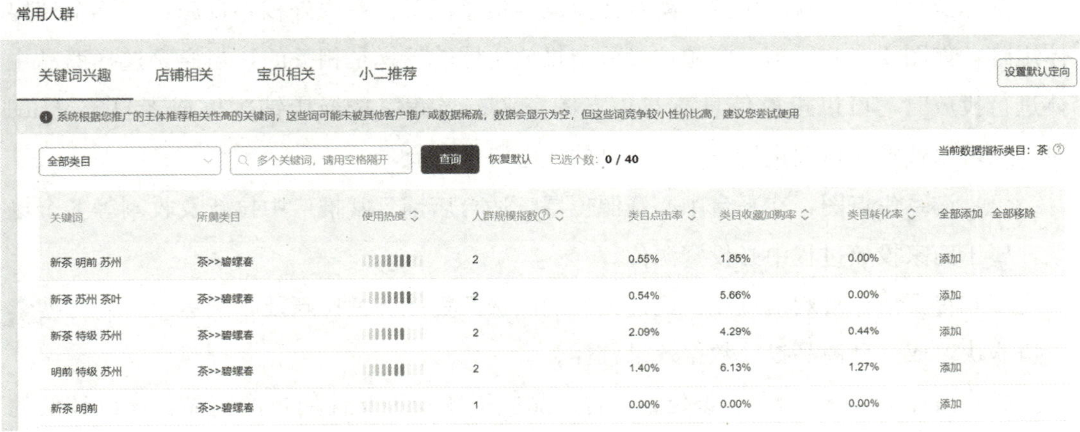

关键词	所属类目	使用热度	人群规模指数	类目点击率	类目收藏加购率	类目转化率	全部添加　全部移除
新茶 明前 苏州	茶>>碧螺春		2	0.55%	1.85%	0.00%	添加
新茶 苏州 茶叶	茶>>碧螺春		2	0.54%	5.66%	0.00%	添加
新茶 特级 苏州	茶>>碧螺春		2	2.09%	4.29%	0.44%	添加
明前 特级 苏州	茶>>碧螺春		2	1.40%	6.13%	1.27%	添加
新茶 明前	茶>>碧螺春		1	0.00%	0.00%	0.00%	添加

图 4－16　常用人群

2. 扩展人群规模

主要是进行目标人群拓展，系统将基于种子人群的特征，实时计算并拓展具有相同特征且对推广内容感兴趣的人群，寻找更多优质人群。

3. 屏蔽非目标人群

在已选择的基础上，帮助屏蔽近期在店铺产生过购买/加购/收藏/进店/成交的人群，如图 4－17 所示。

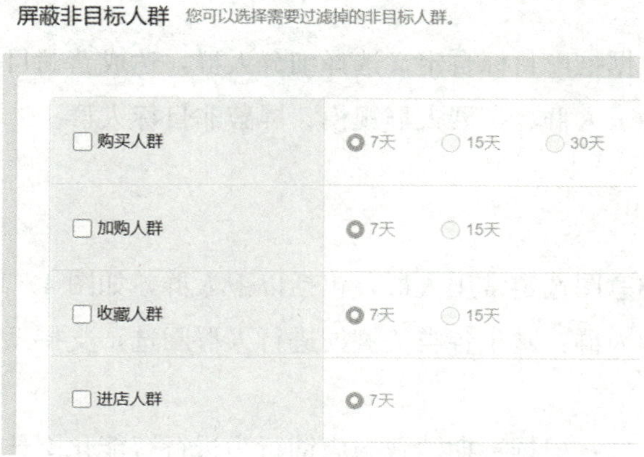

图 4－17　屏蔽非目标人群

步骤 4　设置资源位

资源位是广告展现的位置，融合焦点图与信息流等淘系内外核心资源，打造全域媒体矩阵，如图 4－18 所示。资源位投放与投放主体的选择是相关的，当商家选择商品主体进行投放时，可以投放信息流与焦点图资源；当商家选择店铺主体或者自定义 url 时，只可以选择焦点图进行投放。常见的核心资源位有：

（1）淘系焦点图：在平台中心资源位置，适合店铺日常推广中拉新及收割等各个场景，属于商家投放过程中必投资源位。

（2）首页猜你喜欢信息流：经过人群的圈选匹配能够做拉新及收割运用，针对搜索入口非快速成交型商品投放数据效果较佳。

（3）微详情 Minidetail：该位置适合产品应用场景为女性用户的商品，能以较低的竞争价钱取得商品流量。

（4）购中、购后猜你喜欢：手机淘宝移动端和电脑端的订单列表页等，购中、购后

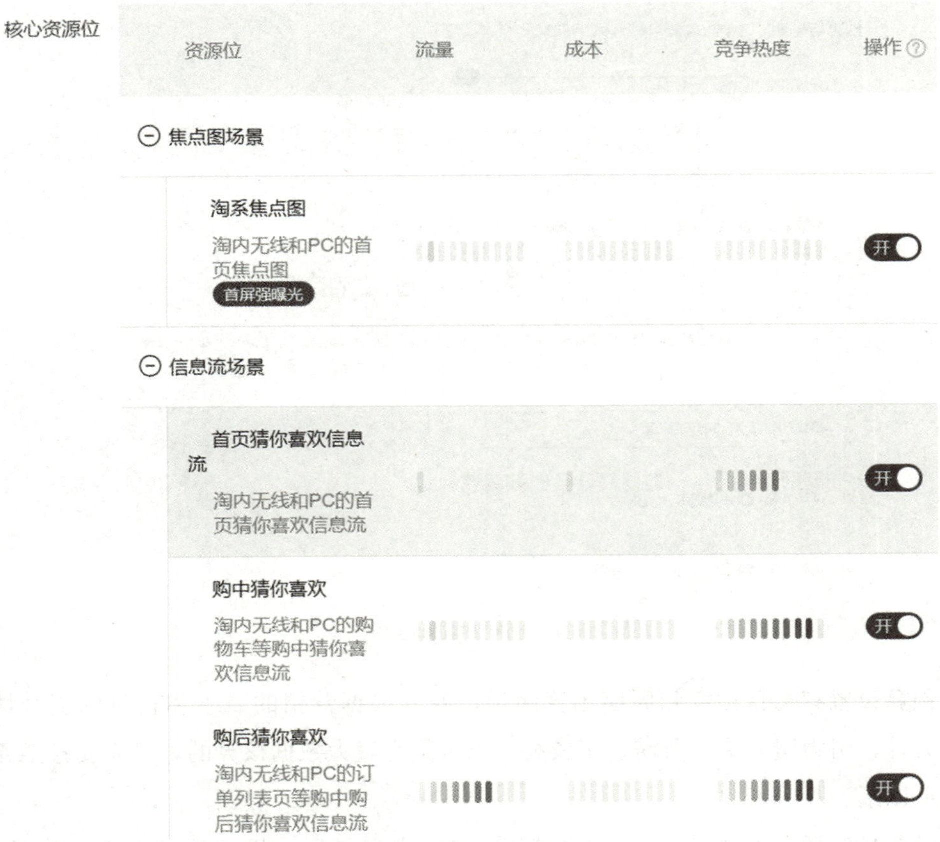

图 4－18 资源位

猜你喜欢信息流。该位置适合非标品及快消品属性的产品；具备高复购率商品的商家能够选择投放。该资源位在大促活动售卖期时适合商家加大投放比例。

（5）红包互动权益场：淘金币签到、芭芭农场等，该位置适合店铺扩流及大促活动节点流量种草补充应用、曝光量。

除了已选的核心资源位之外，系统还可以从高德、今日头条等资源中优选，帮助商家获取流量。

在设置资源位的时候，添加资源位是关键，一定要考虑到资源展示的位置，争取做到资源位面向的浏览群体与商品潜在客户相对应。

步骤 5 设置预算与排期

预算与排期的设置包括设置投放策略、预算设置（就当前计划的可用金额进行预算）、投放日期、成本上限、投放地域，还可以设置投放时段，如图 4－19 所示。

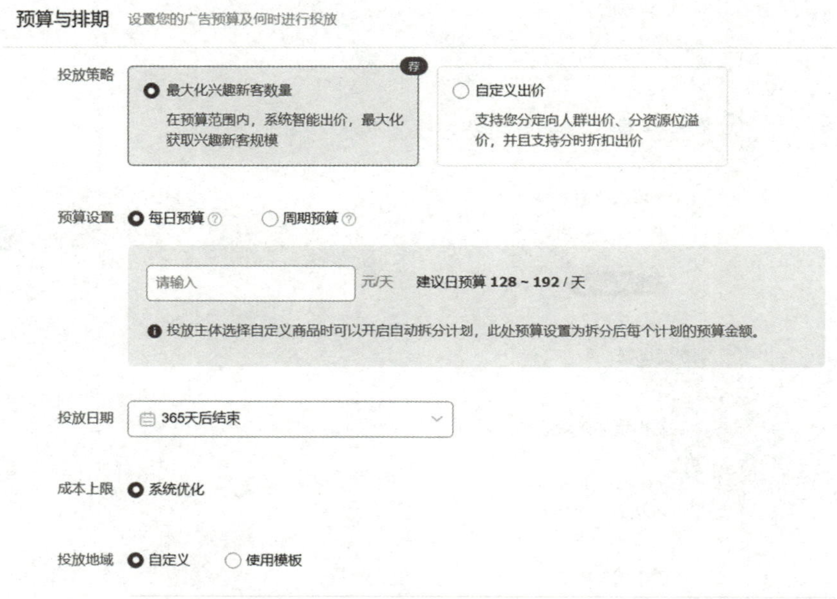

图 4－19　预算与排期

预算设置有每日预算和周期预算两项，商家根据营销的需求和自身的资金情况来定。另外，引力魔方推广所需费用较高。出价是经过大数据核算的，只需要按照系统出价就可以了。

投放日期默认为“365 天后结束”，支持自定义设置。投放地域可选偏好的省份，可保存为模板。投放时段可设置每周需要投放的时间段，并支持对投放的时间设置折扣，可保存为模板。

步骤 6　添加创意

添加创意包括自定义创意和智能创意。自定义创意支持创意库选择及本地上传图片/视频创意/创意库已保存的创意。智能创意系统根据宝贝相关元素和自定义创意，自动制作适配各尺寸的创意。

添加创意主要是根据所选资源位的尺寸添加相应的创意。需要注意的是，不同规格创意图片的设置都有明确的规范，图片达不到规范要求是很多商家被拒绝投放的关键原因。例如手淘首页焦点图 640×200 像素的图片要求是：图片左右两侧 38 px 位置内勿出现文字、Logo、标题等关键信息，以免被局部遮挡；中间底部 100×40 像素为轮播号处，为避免文案/Logo 或重要产品被遮挡，请勿在此范围内放置关键信息。常见的资源位创意尺寸见表 4－5。

表 4-5 常见的资源位创意尺寸

资源位	创意尺寸（像素）
淘系焦点图	竖版大图 800×1200，竖版长图 513×750
微详情 Minidetail	竖版大图 800×1200，竖版视频 800×1200，方图 800×800，方视频 800×800
首页猜你喜欢信息流	竖版大图 800×1200，竖版视频 800×1200，方图 800×800，方视频 800×800
购中、购后猜你喜欢	竖版大图 800×1200，竖版视频 800×1200，方图 800×800，方视频 800×800
红包互动权益场	方图 800×800，方视频 800×800

创意添加完成后，直接单击完成创建，整个引力魔方投放流程就结束了。

实践操作注意点

引力魔方的推广目标主要有两个：引流和投产。以低价引流为目的，做收藏加购引流，引力魔方预算可占到总推广预算的 20%～30%，可以做测款和主款的定向引流。如果整体预算都很少，建议只做主款单品推广，不考虑做多宝贝测试。否则，流量分散，周期拉长，会导致效果不好。少预算做单品的收藏加购，逐步拉手淘推荐流量就好。

以增加投产为目标，如果产品转化率收藏加购率都不错，市场竞争力很强，引力魔方可以很好地拉动流量，促进更多的收藏加购转化。预算投入可以适当根据效果增加。也就是说，效果好、利润可观就加预算，建议不超过总预算的 40%。全店动销率好，多产品可以测试引流，取最好的一个或几个单品主推都可以。

优化目标有促进曝光、促进点击、促进加购、促进成交四个选项，促进曝光是少选或者是可以不选的，因为促进曝光是按 CPM 来曝光的，如果商家开通促进曝光，引力魔方花钱的速度是非常快的。如果要选择优化目标，建议选择促进点击和促进加购。账户有权重了，以促进点击为主，因为四个选择只有促进点击有时间折扣可以拖价，这样后期优化下来更省钱，类似于直通车人群高溢价、关键词低出价、折扣低出价配比。当商家偶尔想做跨人群拉新时，可以选择促进点击。如果想要精准一点的流量，在近期能够有高变现，就选择促进加购，但促进加购有一个弊端：开通促进加购后可能会出现人群流量慢慢变小的现象。

任务练习

任务名称： 掌握引力魔方推广的操作流程及操作要点。

任务要求： 开展店铺的引力魔方推广工作，依次完成推广目标、优化策略、主体类型、定向方式、资源位等的设置，记录应用流程，说明设置的依据。操作时填写表4－6。

表4－6 引力魔方推广操作流程

推广设置项目			
计划名称			
推广目标			
优化策略			
主体类型			
主体选择			
定向方式			
资源位			
预算设置			
投放日期			
投放地域			
投放时段			
创意设置			

任务评价

任务评价详见表4－7。

表4－7 任务评价表

项目	学习态度（15%）	团队合作情况（15%）	步骤完成情况（30%）	汇报情况（25%）	出勤情况（15%）	综合评价
个人评分						
小组评分						
老师评分						
综合得分						

实践操作3 淘宝客推广

步骤1 商家加入淘宝客

（1）打开淘宝网，登录店铺账户，依次单击“我的淘宝—卖家中心—营销中心—我要推广—淘宝客”，单击“开始拓展”按钮，如图4－20所示。

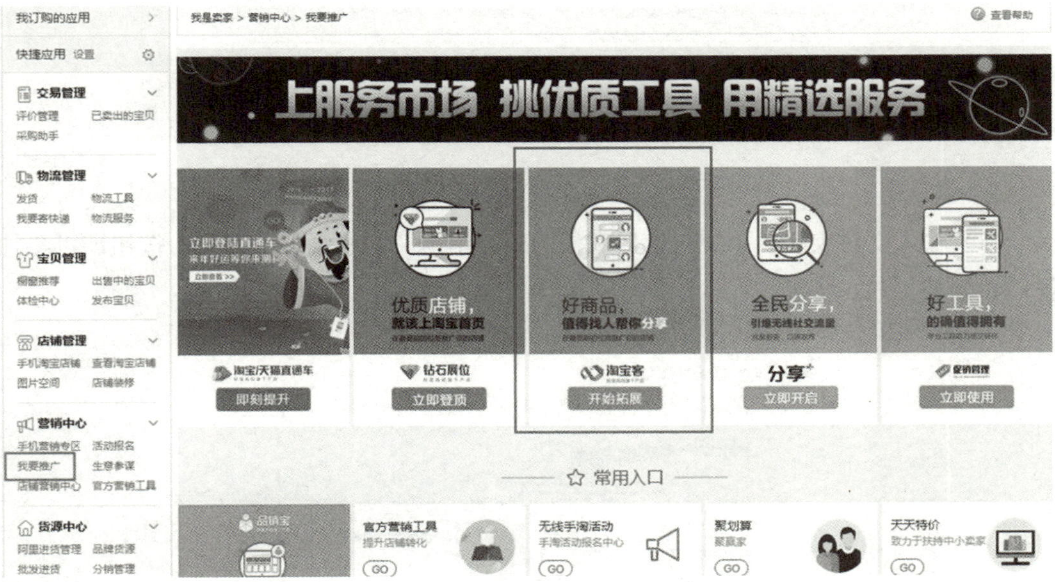

图4－20 加入淘宝客

（2）查看《淘宝客推广软件产品使用许可协议》，仔细阅读后选中“我已阅读并同意《淘宝客推广软件产品使用许可协议》”复选框，如图4－21所示。

（3）查看全店参与推广提示，确认无误后单击“确定”按钮，如图4－22所示。

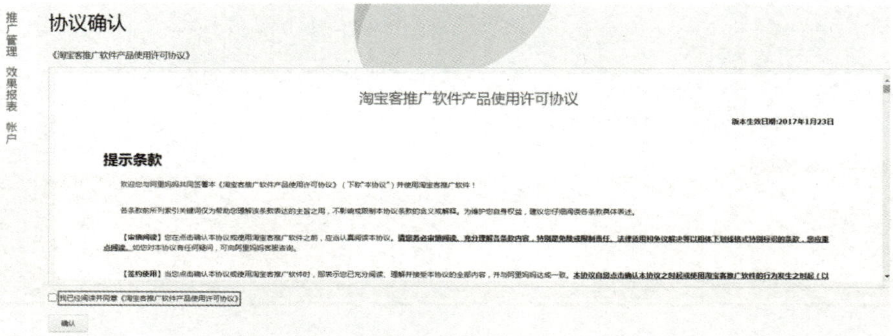

图 4－21　协议确认

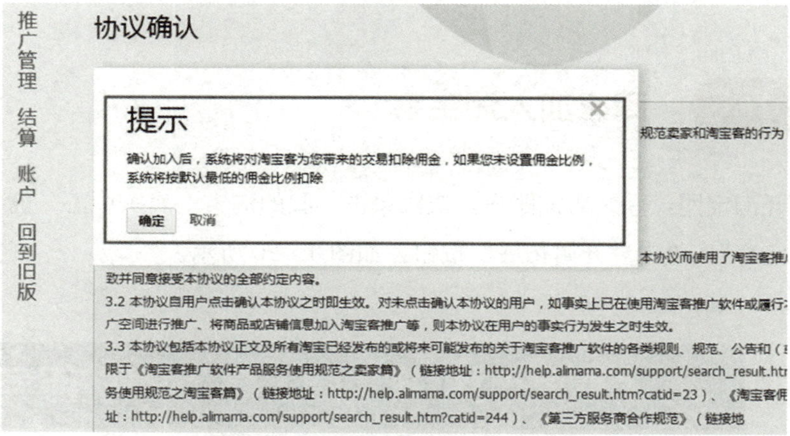

图 4－22　协议确认提示

（4）输入支付宝账户、支付密码和校验码，单击“同意协议并提交”按钮即可参加推广，如图 4－23 所示。

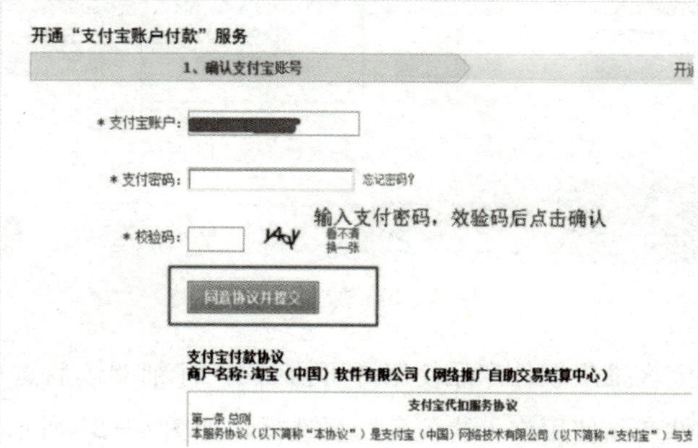

图 4－23　开通“支付宝账户付款”服务

步骤 2 选择推广计划类型

打开淘宝客操作后台，其推广方式主要包括通用计划、定向计划、如意投计划等类型，另外，还有分享类、权益类、返利类推广方式。

1. 通用计划

商家开通淘宝客推广后，通用计划默认开通，全店商品参与推广，根据类目不同，佣金范围总体在 0.5%～50%，默认以类目最低佣金形式呈现，如图 4-24 所示。不同商家无法单独针对个别商品设置佣金比率，但可以在类目范围内调整。通用计划无法删除、暂停，只有店铺退出淘宝客推广才可以停止。若不想大规模应用通用计划，只要将通用计划佣金比例设置到类目最低比例即可。

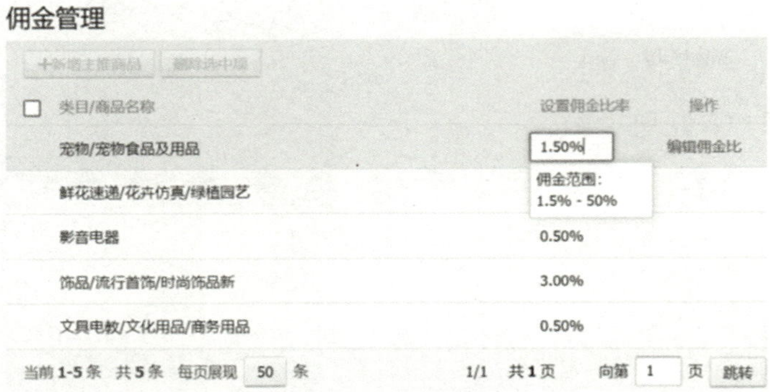

图 4-24 淘宝客佣金管理

2. 定向计划

这是商家针对不同质量的淘客设置的推广计划，区别于通用计划，由商家在后台自行创建，全店商品参加。商家可以筛选加入的淘客等级，也可以自主联系淘客来申请加入，如图 4-25 所示。定向计划生成后，会生成计划的定向链接，商家如有合作淘客，可以把对应链接发送给对方，如图 4-26 所示。

3. 如意投计划

这是系统根据商家设置的佣金比例和宝贝的综合质量情况，将商品智能推送到爱淘宝搜索结果页、中小网站橱窗推广等页面上展现，佣金比例可以设置为类目最低佣金到 50%。

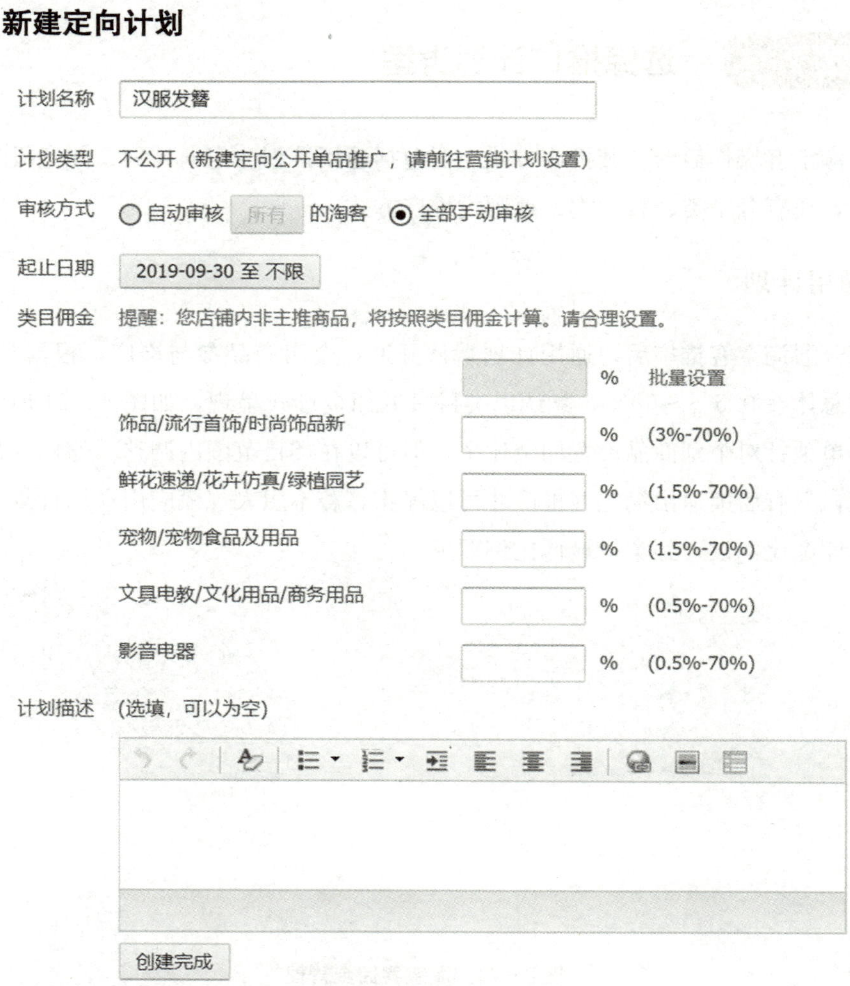

图 4-25　新建定向计划

图 4-26　定向计划创建成功

4. 分享类、权益类、返利类推广

该类推广只需要在后台开启即可，开启后就可以参与官方组织的分享类、权益类、

返利类淘宝客推广活动中，主要面向的是淘系消费者散户，由其自由转发，交易成功后，推广者享受红包、佣金、权益、返利等，如图 4－27 所示。

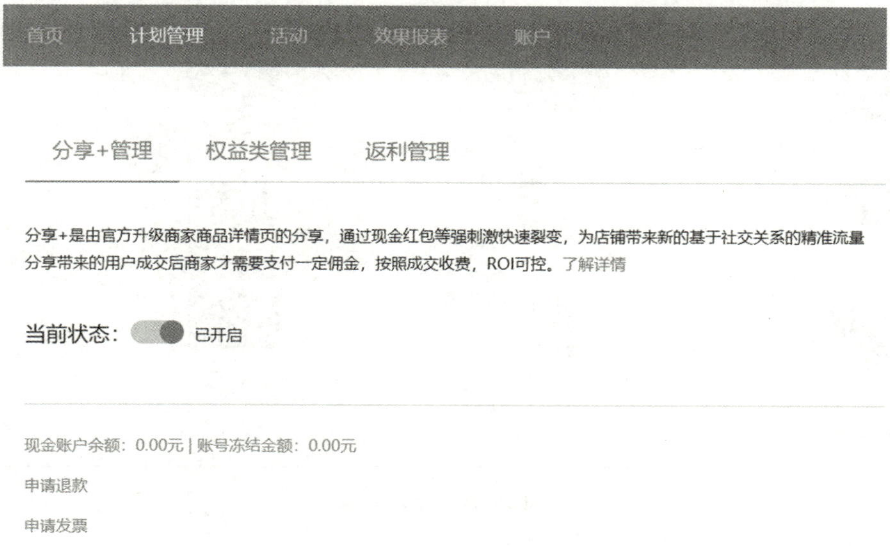

图 4－27　淘宝客“分享＋管理”设置

步骤 3　添加主推商品

图 4－28 和图 4－29 所示分别为添加主推商品和选择商品。

图 4－28　添加主推商品

图 4-29 选择商品

步骤 4 设置佣金和投放时间

该步骤为设置佣金和投放时间，佣金范围为类目最低佣金到 90%，图 4-30 所示的商品佣金设置范围在 3%～90%。

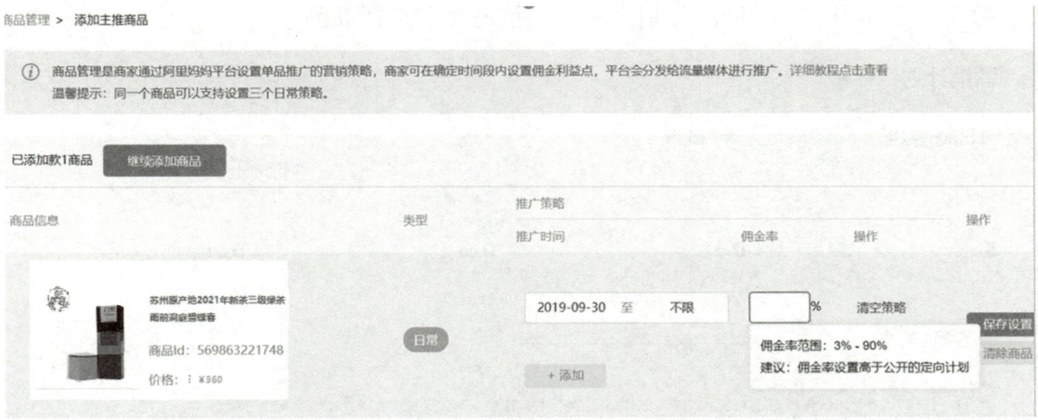

图 4-30 设置佣金和投放时间

添加商品成功后，可以看到对应界面有佣金率，如图 4-31 所示。为了促进商品销售，还可以为该商品设置专门的优惠券以调动大型淘宝客推广的积极性，关于优惠券的设置，在促销工具部分会再做介绍。

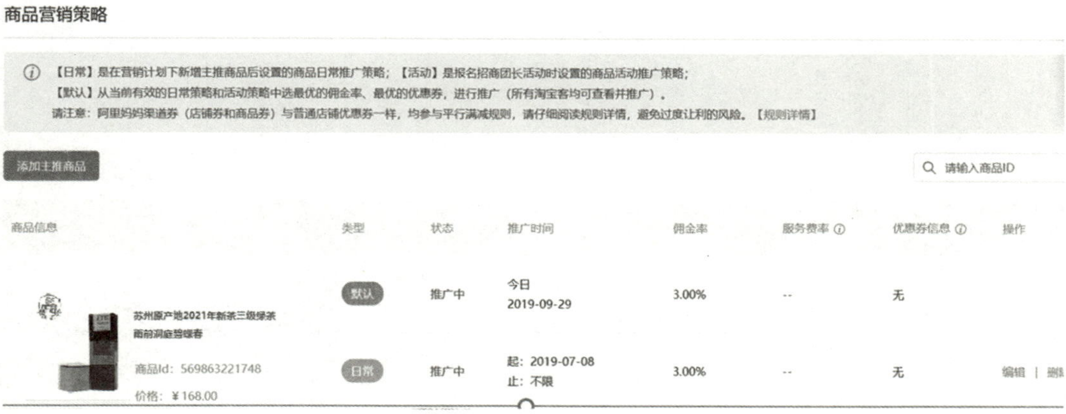

图 4－31　添加商品成功

实践操作注意点

1. 淘宝客推广的关键是选品及佣金设置

作为一种按成交结算的推广模式，淘宝客推广受到商家的推崇，但淘宝客推广要达到良好的效果，其根基还在于选品和佣金设置，毕竟淘宝客帮商家推广的目的就在于赚取佣金，因此只有具备突出优势的选品和有诱惑力的佣金才是真正调动淘宝客主动性的最大推动力。

2. 淘宝客推广是商家提升基础销量、评价及开展清仓活动的撒手锏

由于目前淘宝客推广的受众多数是价格敏感型客户且客户类型复杂，因此在当下千人千面的趋势下，庞杂的用户购买行为对商家人群标签的形成尤为不利，且对自然搜索权重拉动效应日渐淡化，其应用优势每况愈下。但由于淘宝客销量爆发力强，因此目前更多商家利用淘宝客推广的直接目的在于提升宝贝基础销量和评价、开展清仓活动，但须充分考虑利用淘宝客推广对人群标签的干扰。

3. 精准淘宝客推广对个性突出商品的销量拉动效应较为明显

在网络零售市场中，个性化商品由于其突出的个性特征，其商品价格受市场波动影响较小，所以对于个性鲜明的商品，精准的淘宝客推广的人群标签吻合度高，对提升商品标签精准度、拉升手淘首页流量有巨大的推动作用，可大大提升销量。

任务练习

任务名称：掌握淘宝客推广流程及应用要点。

任务要求：开展淘宝网店的淘宝客推广工作，依次完成通用计划、营销计划、定向计划等多种计划的投放工作，关注不同计划的投放效果，仔细体味不同淘宝客计划的适用形式、成效差别，不断优化设置。操作时填写表4－8。

表4－8 淘宝客推广流程

推广设置项目	推广1	推广2	推广3
推广计划类型			
主推商品			
佣金			
投放时间			

任务评价

任务评价详见表4－9。

表4－9 任务评价表

项目	学习态度（15%）	团队合作情况（15%）	步骤完成情况（30%）	汇报情况（25%）	出勤情况（15%）	综合评价
个人评分						
小组评分						
老师评分						
综合得分						

课证融通知识和技能训练

在“网店运营推广”职业技能等级证书标准中，与本模块对应的是网店推广里面的模块 3 SEM 推广和模块 4 信息流推广。

一、单选题

1. 大促时，卖家应同时布局店铺的基础引流，利用直通车大量地撒网，占据更多的流量坑位，使店铺的（　　）和加入购物车商品大量的增加。
   A. 收藏　　B. 关注　　C. 展现　　D. 流量
2. 下列不是付费引流入口的是（　　）。
   A. 活动页　　B. 淘宝客　　C. 直通车　　D. 引力魔方
3. 以下不属于信息流推广三大定向方式的是（　　）。
   A. 基础定向　　B. 兴趣定向　　C. 语言定向　　D. 行为定向
4. 下列关于广泛匹配的描述中，不正确的是（　　）。
   A. 无法灵活控制关键词的排名与出价
   B. 相对精准匹配，推广费用会更低
   C. 展现机会多
   D. 定位更多的潜在用户
5. 下列不属于信息流广告特点的是（　　）。
   A. 算法推荐　　B. 原生体验　　C. 成本低廉　　D. 互动性强
6. 下列不属于信息流广告定向方式优化考虑的因素是（　　）。
   A. 企业营销目标及市场环境
   B. 关键词排名
   C. 产品特征、优势、应用场景
   D. 目标人群属性及行为习惯
7. 在 SEM 推广中，以下说法正确的是（　　）。
   A. 新建广告计划时应该设定较高的出价，以便在上线之初积累较好的数据表现，提升广告质量得分
   B. 广告质量得分可以在账户内查询到
   C. 新建广告计划时应该设定较低的出价，以避免上线后消费太多
   D. 广告投放一周后即使曝光量、点击率表现都很好，广告创意也必须更新一次

8. 下列关于 SEM 推广地域的设置策略描述中，不正确的是（　　）。
   A. 根据流量来源与网店经营者地域分布制定地域策略
   B. 根据业务覆盖范围制定地域策略
   C. 根据业务辐射范围制定地域策略
   D. 根据用户收货地址制定地域策略
9. 在信息流推广中，下列关于推广计划地域设置作用的描述中，不正确的是（　　）。
   A. 精准定位网店潜在客户　　B. 提升转化效果
   C. 在不同地区设定相同出价　　D. 展现力强
10. 信息流推广的竞价机制是（　　）。
   A. 实时竞价　　B. 集合竞价　　C. 连续竞价　　D. 以上都不是
11. 不同的匹配方式有不同的特点，设置（　　）可以实现精准引流。
   A. 精准匹配　　B. 定向匹配　　C. 广泛匹配　　D. 固定匹配
12. 信息流账户结构一般分为（　　）个层级。
   A. 4　　B. 2　　C. 3　　D. 1
13. 开展 SEM 推广时，根据产品的特点选择合适的推广区域被称为（　　）。
   A. 地域策略　　B. 落地页策略
   C. 时间策略　　D. 创意策略
14. 地域词是指产品词、通俗词等与（　　）的组合。
   A. 本地　　B. 地域名称　　C. 优惠　　D. 落地页
15. 淘宝直通车标准计划下的推广单元，最多可以添加的关键词数量是（　　）个。
   A. 2 000　　B. 200　　C. 500　　D. 1 000
16. 在信息流推广中，下列关于人群定向方面优化技巧的说法中，错误的是（　　）。
   A. 根据效果数据优化
   B. 根据目标受众优化
   C. 根据后台的受众分析功能优化
   D. 根据自我理解优化
17. 如果推广目标是以较少的预算在短时间内获得高展现，提升品牌的公众认知度，那么可以选择日均展现量高，同时（　　）的图片广告位进行投放。
   A. 转化单价高　　B. 展现单价高
   C. 点击单价低　　D. 点击单价高
18. 当用户触发信息流展示面之后，进入的页面是（　　）。
   A. 数据面　　B. 跳转面　　C. 产品面　　D. 交互面

19. 信息流广告的核心是（　　）。

A. 成本低　　B. 个性化推荐

C. 互动性强　　D. 原生体验

20. 淘宝直通车扣费的原理是（　　）。

A. 按交易订单数量付费　　B. 按点击量扣费

C. 按时长付费　　D. 按浏览付费

二、多选题

1. 在 SEM 推广中，质量分本质上与创意质量、相关度和买家体验有密切的关系，其中相关度包括（　　）。

A. 与资源位的相关性

B. 与宝贝标题属性的匹配相关度

C. 与类目的相关性

D. 与宝贝详情页之间的匹配相关度

2. SEM 关键词根据成交阶段的不同，可分别作为（　　）。

A. 推广词　　B. 搜索词　　C. 成交词　　D. 进店词

3. 下列选项中，属于信息流推广素材设计技巧的是（　　）。

A. 善用多图样式创意　　B. 加入地域通配符

C. 提炼素材和文案　　D. 提高产品质量

4. SEM 推广计划层级设置包括（　　）。

A. 推广时段　　B. 设备　　C. 预算　　D. 创意展现方式

5. 为提高竞价广告投放效果，人群画像分析主要从（　　）等方面进行。

A. 用户行为时间　　B. 用户来源分析

C. 用户行为分析　　D. 用户属性

6. 在 SEM 推广中，目前推广账户预算的设置方式有（　　）。

A. 日预算　　B. 年预算

C. 不限定预算　　D. 周预算

7. 信息流推广中，落地页能否发挥作用，其主要影响因素是（　　）。

A. 落地页视觉交互设计

B. 推广创意与落地页的匹配度

C. 落地页内容文案设计

D. 用户访问落地页动机

8. 在进行信息流落地页优化时，从页面体验角度应如何进行优化？（　　）

A. 页面打开速度要快

B. 落地页与外层创意设计协调统一，符合用户喜好

C. 转化窗口的设计符合用户行为习惯

D. 尽量使用加载量大的图片

9. 在 SEM 推广中，下列关于推广计划的描述中，正确的是（　　）。

A. 批量推广主要利用网店提供的结构化商品信息，对同类商品或不同商品的批量化推广

B. 竞品/行业追踪推广是指通过追踪官网、竞品网站、行业知识网站等，快速获取竞品行业流量的推广方法

C. 批量推广可以使投放更便捷，降低人力成本

D. 竞品/行业追踪推广的缺点是推广费用较高

10. 在进行信息流推广时，如何通过页面逻辑策划激发用户需求？（　　）

A. 展示产品使用场景模拟

B.“打击”用户，让其产生不购买就有所损失的心理

C. 设计精美的产品包装

D. 利用优惠活动激发用户占便宜的心理

11. 在信息流广告投放平台中，地域设置大致按（　　）分类。

A. 省市　　B. 不限　　C. 商圈　　D. 区县

12. 以下是付费引流入口的是（　　）。

A. 淘宝客　　B. 直通车　　C. 引力魔方　　D. 淘金币

13. 购物搜索广告系统主要包括（　　）。

A. 速卖通直通车　　B. 亚马逊 PPC

C. 淘宝直通车　　D. 京东快车

14. 卖家新建了直通车标准推广计划，并为推广宝贝选择好创意图片，接下来就可添加关键词。卖家添加直通车关键词的方法是（　　）。

A. 流量解析推广词下载

B. 淘宝搜索框下拉词

C. 直通车系统推荐词

D. 生意参谋相关词搜索

15. 在信息流推广中，人群定向是账户搭建的基础，定向方式可以分为（　　）。

A. 行为定向　　B. 搜索定向　　C. 兴趣定向　　D. 基础定向

三、判断题

1. 进行 SEM 推广时，推广商品数量越多，流量就越多。(　　)

A. 正确　　B. 错误

2. 在进行 SEM 推广前，需要明确网店的信息质量与服务质量是否良好。(　　)

A. 正确　　B. 错误

3. 传统的拍卖是单次行为，而在线广告是多次重复博弈，即这个广告位被抢了，广告主还可以抢下个广告位，广告主可以不断调整自己的出价。(　　)

A. 正确　　B. 错误

4. 信息流推广是指通过信息流渠道把信息流广告精准推荐给用户的过程。(　　)

A. 正确　　B. 错误

5. 推广预算是指一段时间内商家在账户或计划内愿意支付的最高推广费用。(　　)

A. 正确　　B. 错误

6. 当商家广告预算充足时，可以选择特定的目标群体进行重复投放，能够带来更好的品牌影响力效果。(　　)

A. 正确　　B. 错误

7. 关键词的质量分是 SEM 关键词排名与扣费的重要影响因素，质量分越高，越能实现以较小的花费获得较好的排名的目标。(　　)

A. 正确　　B. 错误

8. 进行 SEM 推广时，为保险起见，每个推广计划只能推广一个商品。(　　)

A. 正确　　B. 错误

微　课

SEM推广的时间地域定向

四、实践操作题

与本模块对应的是网店推广实训里面的工作领域二 SEM 推广和工作领域三信息流推广。

根据二维码讲解，完成以下任务：

★ 工作领域二 SEM 推广任务 5 SEM 推广：标品新品/滞销品 SEM 推广、非标品新品/滞销品 SEM 推广。

★ 工作领域三信息流推广任务 4 信息流展位营销：标品爆款信息流展位营销、非标品新品/滞销品信息流展位营销。

微　课

信息流推广的资源位选择与出价

项目 5　网店促销工具及其应用

学习目标

◆ **知识目标：**掌握网店促销工具的类型、特征、应用流程及应用要点，掌握网店运营推广（初级）证书考试中店铺促销活动设置相关的知识。

◆ **能力目标：**能够独立完成网店促销工具应用设置，能够举一反三完成其他类商品在淘系平台的网店促销工具的设置，能够独立完成网店运营推广（初级）证书考试中的店铺促销活动设置实训。

◆ **素养目标：**具有一定的科学思维方式和判断分析问题的能力，具有较强的自我知识和技术更新能力，以及开拓创新和创业意识，培养诚实守信的职业素养。

知识结构

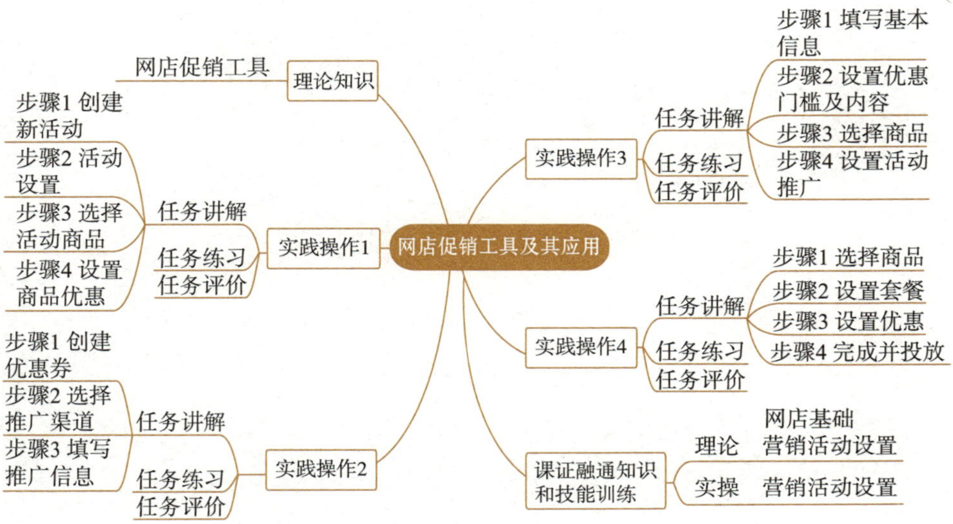

素养园地

党的二十大报告明确指出，“引导全体人民做社会主义法治的忠实崇尚者、自觉遵守者、坚定捍卫者”，“努力使尊法学法守法用法在全社会蔚然成风”。网店的成功经营离不开公平开放的竞争环境，在网店运营过程中离不开促销工具的使用，只有合法合规使用促销工具，诚实守信经营，网店才能走得更远。

思考 对于碧螺春茶厂网店来讲，常用的促销工具有哪些？操作流程是怎样的？

理论知识

网店促销工具

微 课

促销工具

网店促销工具是指鼓励客户购买的各种网络工具，由于促销工具的设置既能体现一定的优惠力度，又有一定的时效限制，因此将这些促销工具与推广、活动配合起来使用，能起到促进客户关注、咨询、购买转化的作用，达到提升客单价、促进关联消费、提升店铺业绩的目的。同时基于网络数字化特征，网络促销工具在优惠分发、定向投放、效果统计方面的作用更为突出。

在传统促销活动中，商家常用的促销工具可以分为商品折扣工具、优惠券工具、满减满送工具、搭配绑定销售工具四类。下面以淘系平台促销工具为例进行详细介绍。

在淘系平台中，为商家提供的促销工具主要有单品宝、优惠券、店铺宝、搭配宝、淘金币、N 元任选等，在商家后台营销工具中心都有展示，如图 5－1 所示。

图 5－1 淘系平台商家后台促销工具类型

除了淘宝平台配套的促销工具外，在淘宝服务市场交易平台上还有第三方提供的各种各样的服务工具（见图 5－2），同样可以帮助商家实现限时打折、打折促销、首件优惠、满就送、自动评价、手机营销、第二件半价等诸多功能，可满足商家多种场景的使用。

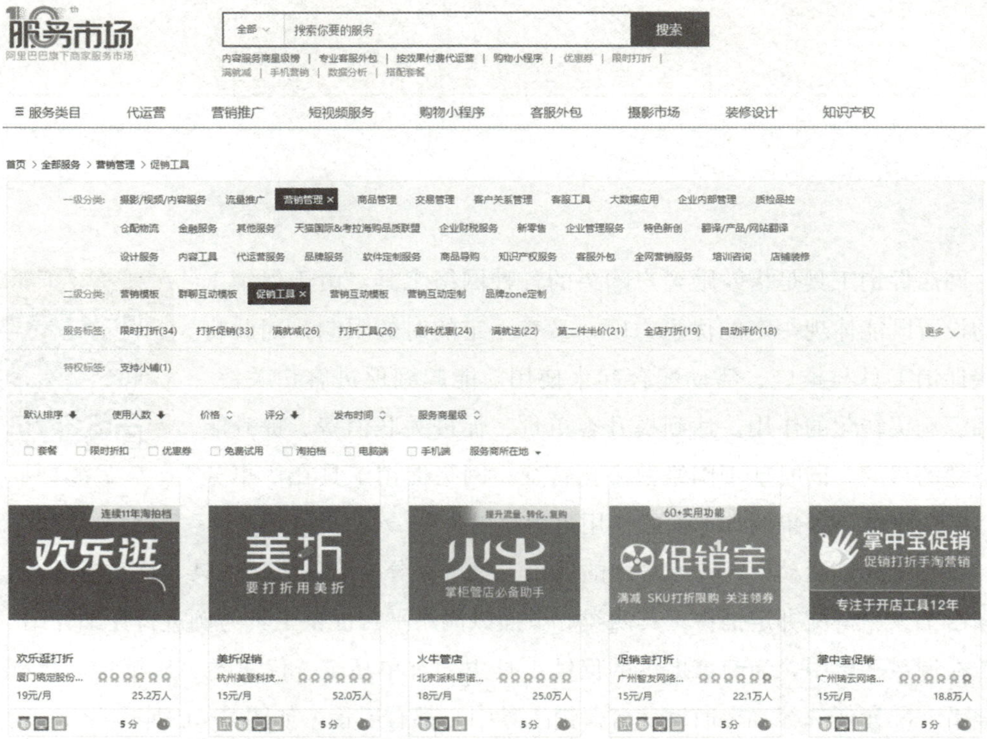

图 5－2　淘宝服务市场的促销工具

在促销工具的使用上，天猫店铺和淘宝店铺有明显的差别。如图 5－3 所示，淘系官方一般提供给天猫商家的促销工具是免费使用的，而对淘宝商家则需要收费，商家需要通过“软件服务/产品”订购页面去订购店铺营销工具，付费订购成功后才可使用。

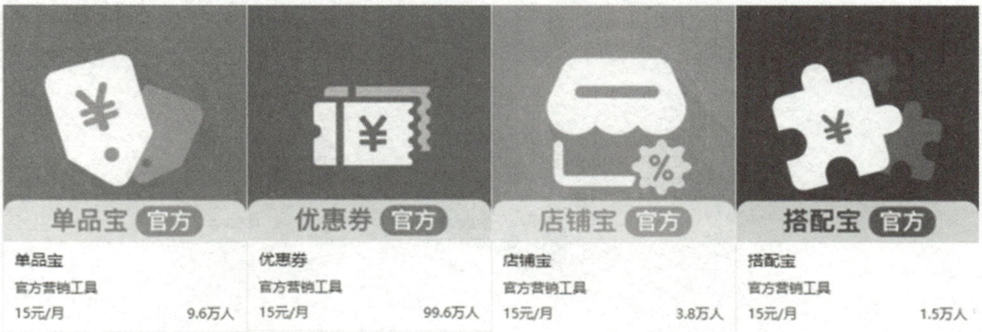

图 5－3　淘宝店铺促销工具收费情况

实践操作 1 单品宝应用流程

单品宝，顾名思义就是针对店铺某个商品灵活设置商品打折、减钱、促销价的工具，是最基础的促销工具。商家应用单品宝对商品设置后，对应商品的前台会自动体现出打折优惠的效果，直接表现在划线价上。

步骤 1 创建新活动

依次单击“千牛卖家中心—营销中心—店铺营销工具”，选择单品宝，单击“创建新活动”，其流程主要包括活动设置、选择活动商品、设置商品优惠、完成，如图 5－4 所示。

图 5－4 单品宝创建活动

步骤 2 活动设置

活动设置环节主要对活动标签、活动名称、活动周期、优惠级别、优惠方式、定向人群及包邮情况进行设置，如图 5－5 所示。

在活动设置中，可以选择日常活动或者官方活动两种。设置日常活动的时候，根据需求选择合适的标签，例如清明节前茶叶刚上市，可以在上新类选择新品尝鲜或者新品抢购；如果想在节日做促销，就可以选择新年特惠。设置官方活动时，可以设限时特惠、粉丝专享价、会员专享价、新客专享价等。

图 5-5　活动设置基本信息

活动名称主要用的是热搜词，例如“2021 年碧螺春新茶特惠”。

活动时间一般是根据活动的持续时间设置的，例如茶叶上新的时间一般从清明节前开始，持续一个半月的时间，可以设置成三月初到四月中旬。

优惠级别可以针对整个商品，也可以进行 SKU 级分开设置。商品级是针对单个商品设置优惠，SKU 级是精确到单个商品下的每个 SKU 设置优惠。

优惠方式分为打折、减钱、促销价三种，在设置的时候，只能选择其中一种，且后期不能更改，除非把活动删除后再重新对商品进行设置。

设置定向人群可以让优惠投放人群更精准一些，这里的定向选择相对简单。

步骤 3　选择活动商品

根据前面设置的活动信息选择需要设置优惠的商品，如图 5-6 所示，可以选择多个商品一起设置，也可以只选择一个商品进行设置。虽然可以同时对多个商品设置，但最终的效果依然体现在单品上。

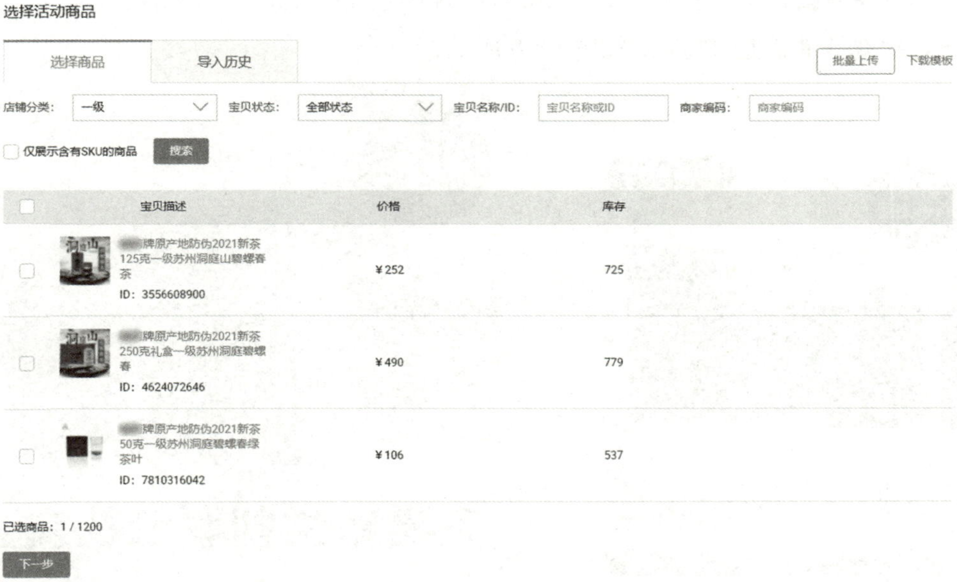

图 5-6　选择活动商品

步骤 4　设置商品优惠

基于步骤 2 选择的优惠方式，此处设置对应的打折、减钱、促销价，同时可以设置限购情况，如图 5-7 所示。单击保存后，后台会显示对应的单品宝活动列表，后续可以根据需要对活动进行修改、删除、暂停。

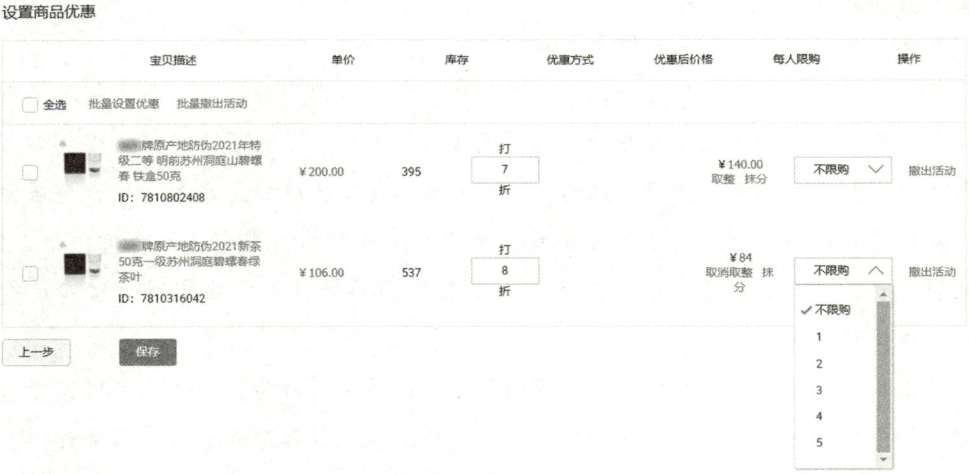

图 5-7　设置商品优惠

活动创建完成后，买家就可以在店铺看到商品优惠后的价格，有划线一口价，也有促销价，这就是单品宝的效果，如图 5－8 所示。

图 5－8　单品宝设置完成后前台的页面

实践操作注意点

在设置单品宝时，要注意以下几点：

第一，设置商品优惠价不能低于一口价的 3 折，否则不计销量。举个例子，有些卖家为了吸引客户，无限提高原价，然后设置很低的折扣，为了让买家觉得优惠力度非常大，以此来刺激买家消费。然而由于商家给的优惠力度如此之大，平台会认为这是无效优惠，就会不计入销量，长期而言对商家是不利的，平台会认为折扣这么低，后续不容易拉动客户销量。因此，商家一定要遵循市场价格，要体现运营人员的素养，不能出现违规操作。

第二，单品宝类型的选择取决于营销目标。以拉新促销为目的的，可以设置为新客专享价；以回馈激活客户为目的的，可以选择会员和老客户专享价；以提升内容为目的的，可以设置粉丝专享价。

第三，单品宝可以支持不同SKU级设置打折、减钱、促销价。可以针对不同的群体客户来设置优惠，而且可以设置单品限购，限购件数内买家以优惠价拍下，限购件数外只能以非优惠价拍下。

第四，单品宝通常最多可以设置100个活动，如果是大型店铺，其出售的产品非常多，那么不是所有的商品都可以采用单品宝，只能针对性使用。

第五，应用单品宝后，商家要随时关注优惠价格的到期时间和使用效果，必要时可以进行适当调整，避免过期后影响买家体验。

任务练习

任务名称： 掌握单品宝的应用流程及应用要点。

任务要求： 针对网店商品使用单品宝促销工具，记录应用流程，说明设置的原因，填写表 5-1。

表 5-1 单品宝应用流程

活动标签	
活动名称	
活动时间	
优惠级别	
优惠方式	
优惠商品	
优惠力度	

任务评价

任务评价详见表 5-2。

表 5-2 任务评价表

项目	学习态度（15%）	团队合作情况（15%）	步骤完成情况（30%）	汇报情况（25%）	出勤情况（15%）	综合评价
个人评分						
小组评分						
老师评分						
综合得分						

实践操作 2

优惠券应用流程

微 课

优惠券应用

优惠券是买家最熟悉的一种促销方式，也是商家常用的促销工具，其作用就是降低产品的价格。商家既可以独立使用优惠券促使买家快速下单，也可以结合店铺宝、购物车营销等多种场景使用优惠券，其应用较为灵活。

步骤 1 创建优惠券

依次单击“千牛卖家中心—营销中心—店铺营销工具”，选择优惠券工具，主要有优惠券和裂变优惠券，如图 5-9 所示。

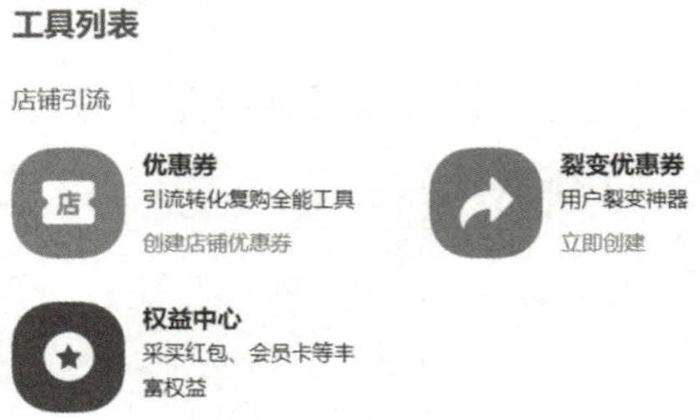

图 5-9 优惠券类型

步骤 2 选择推广渠道

优惠券的特殊之处在于推广场景的选择。优惠券推广渠道分为全网自动推广、官方渠道推广和自有渠道推广三种。设置全网自动推广后，宝贝详情页和购物车自动透出领券入口，官方渠道推广用于阿里妈妈推广、官方活动招商等官方渠道发放的专用券，自有渠道推广用于微博、指定消费者等自有渠道发放的不公开券。

步骤 3　填写推广信息

1. 全网自动推广

优惠券的基本信息包括名称、使用时间、活动目标等，在面额信息界面填写优惠金额、使用门槛、发行量和每人限领张数等，如图 5－10 所示。

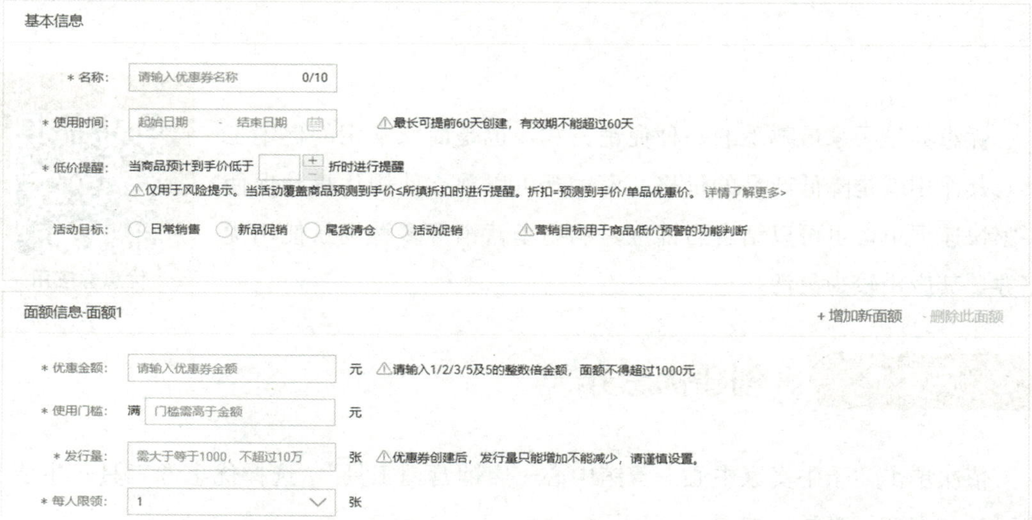

图 5－10　优惠券创建页面

完成上面的操作后，卖家在前台就可以看到设置好的店铺优惠券，而买家也可以领取优惠券进行下单，如图 5－11 所示。

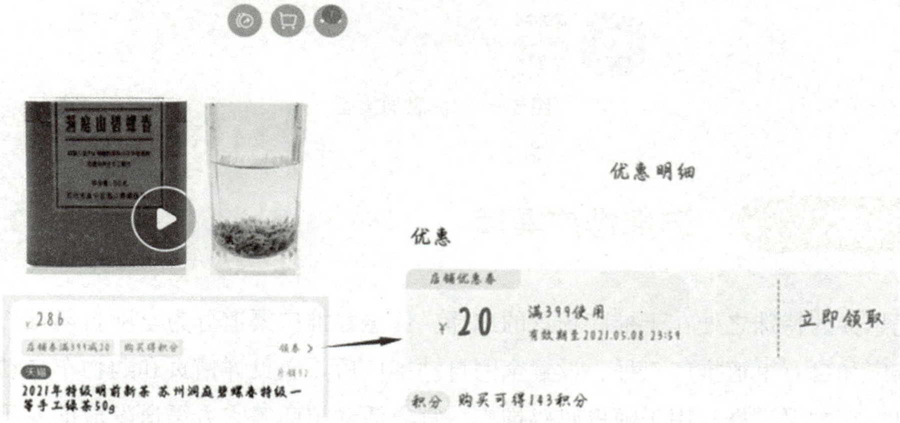

图 5－11　全网自动推广设置完成后前台的页面

2. 官方渠道推广

官方渠道推广是优惠券在特定场景公开应用的一种形式，主要应用于淘系官方场景，包括阿里妈妈推广、店铺宝满就送等 30 多种应用场景，如图 5－12 所示。在官方渠道推广下，选择对应的应用场景设置相应的优惠券，后续在应用阿里妈妈、官方活动、店铺宝的时候就可以直接调用。

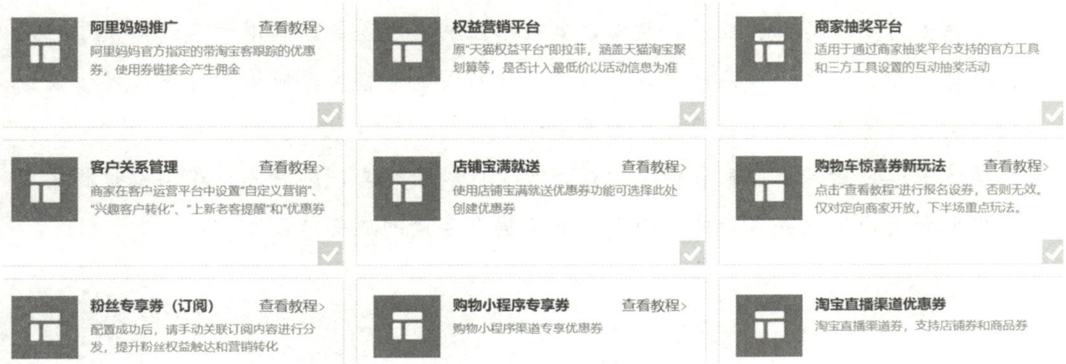

图 5－12　官方渠道推广应用场景类型

3. 自有渠道推广

自有渠道推广是优惠券非公开应用的一种形式，如图 5－13 所示。商家创建优惠券后，会生成优惠券链接，而后商家可以通过站外渠道推广该链接，也可以通过千牛给老客户发送该链接。

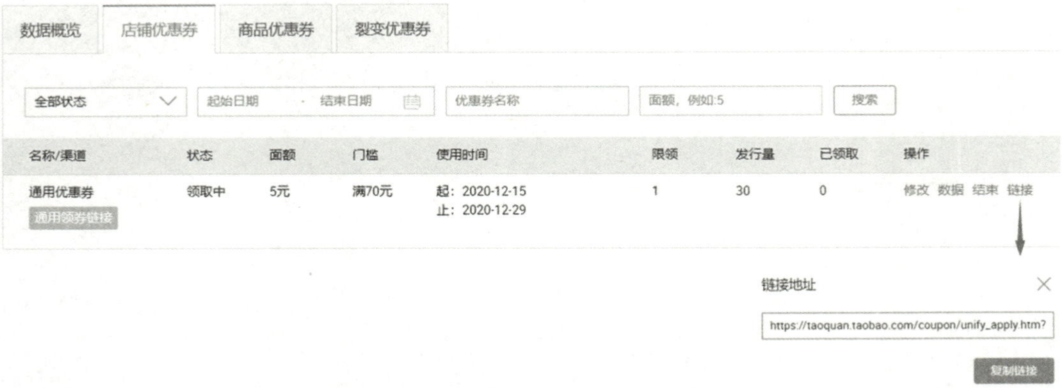

图 5－13　自有渠道推广下的优惠券链接页面

实践操作注意点

商家可以通过多种渠道推广优惠券，全网自动推广适用于普适性活动，便于全面拉动店铺销量。官方渠道推广适用于提升活动效果的官方活动招商优惠券发放，有推进淘宝客推广的阿里妈妈推广优惠券，可以选择反馈或激活老客户的会员专享优惠券，也可以选择拉新用的新客优惠券、提升微淘粉丝活跃度的微淘优惠券。自有渠道推广尤其是一次性链接的应用方便客服灵活把握发放对象，定向性更为精准。

优惠券可用于店铺、商品、裂变，其应用目的有所差异。应用于店铺，便于拉动店铺整体效益；应用于商品，可以有针对性地拉动商品销量；应用于裂变，便于促进店铺拉新。商家要根据促销目标灵活选用。

给优惠券设置优惠金额和使用门槛，可以让利给客户，刺激客户在浏览过程中下单，以此帮助商家提高客户的下单率，从而提升店铺的成交总额。

任务练习

任务名称：掌握优惠券的操作流程及注意事项。

任务要求：针对网店商品使用优惠券促销工具，记录应用流程，填写表 5－3。

表 5－3 优惠券操作流程

推广渠道	
名称	
使用时间	
低价提醒	
活动目标	
优惠金额	
使用门槛	

任务评价

任务评价详见表 5－4。

表 5－4 任务评价表

项目	学习态度（15%）	团队合作情况（15%）	步骤完成情况（30%）	汇报情况（25%）	出勤情况（15%）	综合评价
个人评分						
小组评分						
老师评分						
综合得分						

实践操作 3

店铺宝应用流程

店铺宝是店铺级优惠工具，支持创建部分商品或全店商店的满减、满折、满包邮、满送权益、满送赠品等营销活动。店铺宝设置完成后，前台对应商品会自动体现对应优惠效果，也可以在店铺页面通过文案装修体现。

微 课

店铺宝应用

依次单击“千牛卖家中心—营销中心—店铺营销工具”，选择店铺宝工具。如图 5-14 所示，商家可以根据营销目标需要选择包邮配置、多件多折、拍下立减×元、拍下送赠品、2 件 75 折等。

图 5-14 店铺宝活动类型

步骤 1 填写基本信息

此步骤需要设置活动名称、优惠类型、活动时间、低价提醒、定向人群和活动目标，如图 5-15 所示，与单品宝设置比较相似。

步骤 2 设置优惠门槛及内容

商家设置优惠条件、优惠门槛及内容，如图 5-16 所示。

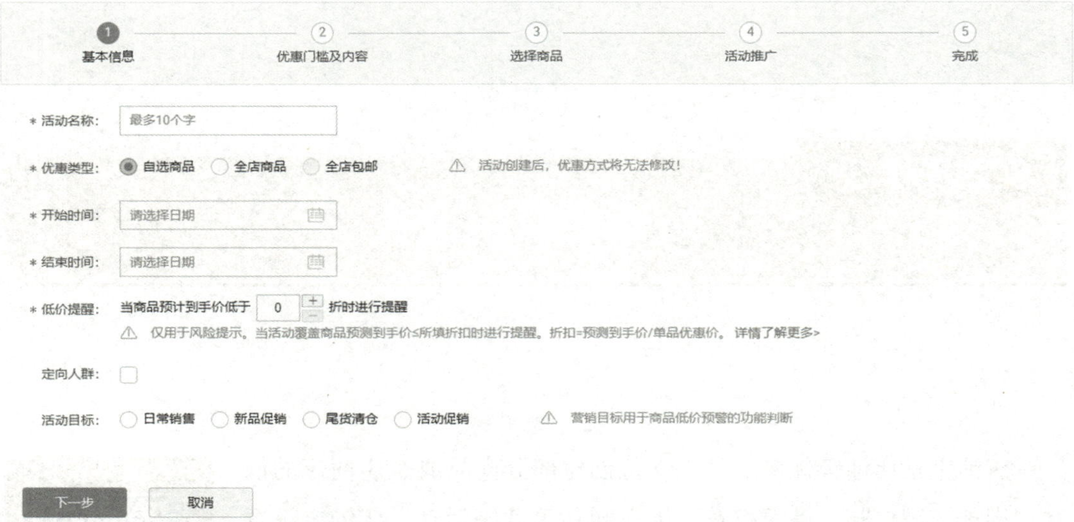

图 5-15　店铺宝基本信息设置

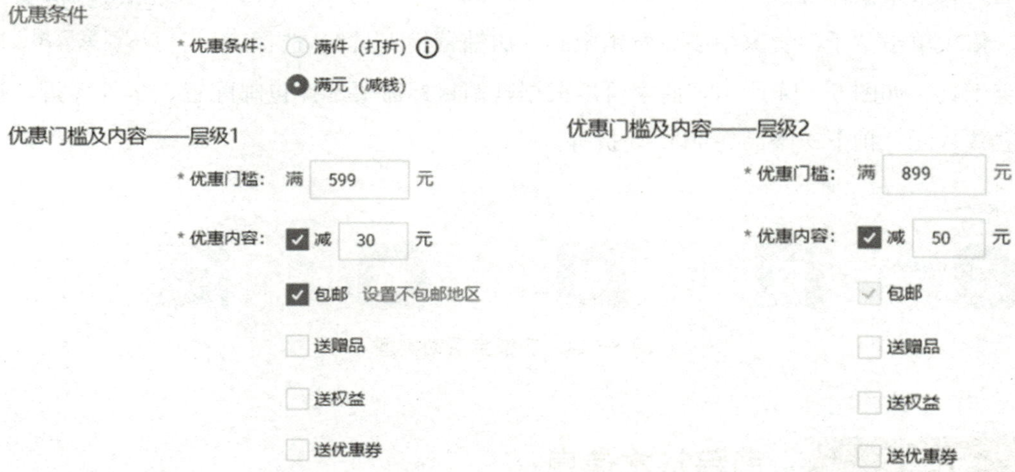

图 5-16　店铺宝优惠门槛及内容设置

优惠条件是商家实施优惠的方式，可以选择满件（打折）或者满元（减钱）；优惠门槛是商家选择优惠条件后对满件和满元的具体要求；优惠内容除了打折、减钱，还可以选择包邮、送赠品、送权益、送优惠券等，商家可以根据需要进行选择。这里以满元（减钱）为例，商家不仅可以设置满 599 元减 30 元，还可以设置二级层级，例如满 899 元减 50 元，以此类推，逐级设置。总之在进行该步骤设置的过程中，商家要充分考虑优惠力度对客户的诱惑力及自身的利润情况。

步骤 3 选择商品

如果步骤 2 选择的是全店商品，步骤 3 直接默认全店商品；如果步骤 2 选择的是自选商品，商家可以选择店铺内的部分商品开展活动，如图 5－17 所示。

图 5－17　店铺宝选择商品设置

步骤 4 设置活动推广

在本步骤，商家可以选择前面介绍的超级推荐进行商品推广，为活动争取更多流量；也可以选择福利中心推广的方法增加活动宣传面，如图 5－18 所示。

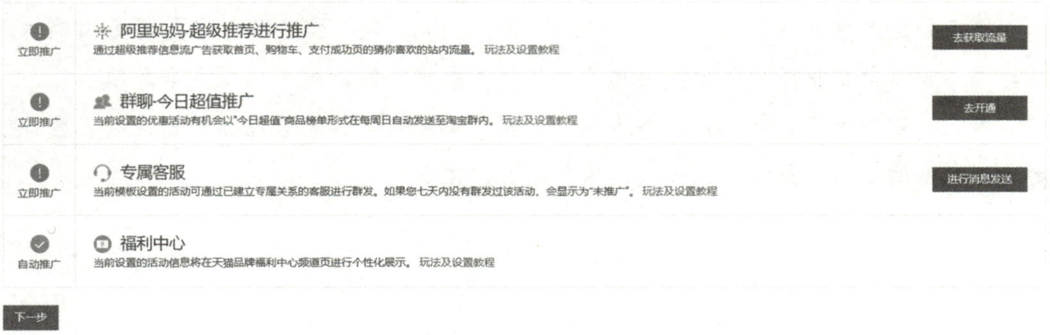

图 5－18　店铺宝活动推广设置

商家设置完成后，就可以在前台页面看到本店的活动了，如图 5－19 所示。

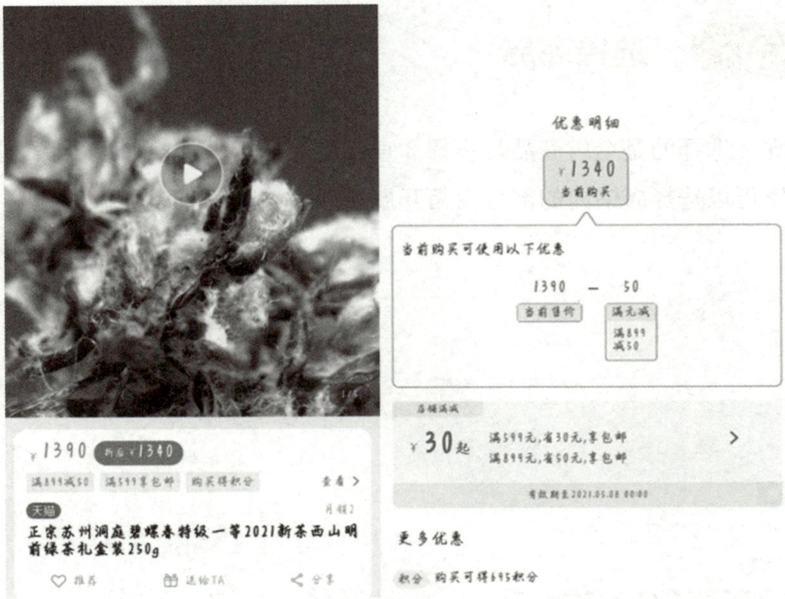

图 5－19　店铺宝设置完成后前台的页面

实践操作注意点

利用店铺宝，商家可以设置满元（减钱）、多件多折、拍下立减、拍下送赠品、送权益、包邮等促销活动。利用店铺宝可对全店商品及自选商品进行促销活动，它可以提供多层级的优惠级别、优惠内容。与单品宝类似，店铺宝也可以随时暂停或者重启活动。在应用店铺宝过程中，商家要遵循以下要求：

第一，依照营销目标明确选择优惠方式，以促进客户当下销售为目的的，可以选择拍下立减、拍下送赠品，以促进客户回购为目的的，可以选择优惠券。

第二，适度设置优惠门槛，既要避免门槛过高，客户不买账，又要避免门槛太低，整体投入与回报不成正比，避免不封顶优惠或者多级优惠中出现亏本问题。

第三，适当推广，店铺宝优惠力度一般强于单品宝，属于店铺级别的活动，因此要达到良好的效果，最好与引流推广有效结合起来。

任务练习

任务名称：掌握店铺宝的使用流程及应用要点。

任务要求：针对网店商品使用店铺宝促销工具，要记录应用流程，说明设置的依据，填写表 5－5。

表 5－5 店铺宝使用流程

活动名称	
优惠类型	
活动时间	
活动目标	
优惠条件	
优惠门槛及内容	
优惠商品	
活动推广方式	

任务评价

任务评价详见表 5－6。

表 5－6 任务评价表

项目	学习态度（15%）	团队合作情况（15%）	步骤完成情况（30%）	汇报情况（25%）	出勤情况（15%）	综合评价
个人评分						
小组评分						
老师评分						
综合得分						

实践操作 4 搭配宝应用流程

搭配宝是淘系平台提供给商家的一款比较实用的促进用户关联消费的营销工具，通过套餐搭配可以提高整体购买商品的性价比，也有时效性限制，往往会调动客户的购物热情，不仅可以提升商家的店铺转化率，同时有利于提升客户购买的客单量。

依次单击“千牛卖家中心—营销中心—店铺营销工具”，选择搭配宝工具，其设置流程比较简单，主要包括选择商品、设置套餐、设置优惠、完成并投放四个流程。

步骤 1 选择商品

选择主商品和搭配商品时，一般主商品是销量较好的产品，搭配商品则是销量不佳的商品，从而实现销量好的商品带动其他商品的销量。在商家选择搭配商品时，系统会根据商家选择的主商品进行推荐，商家可以适当参考。例如，添加的主商品是正宗苏州洞庭碧螺春 2021 新茶，系统会自动推荐碧螺春明前一级 2021 新茶叶，如图 5 - 20 所示。这里要注意的是，搭配商品最多只能设置 8 个。

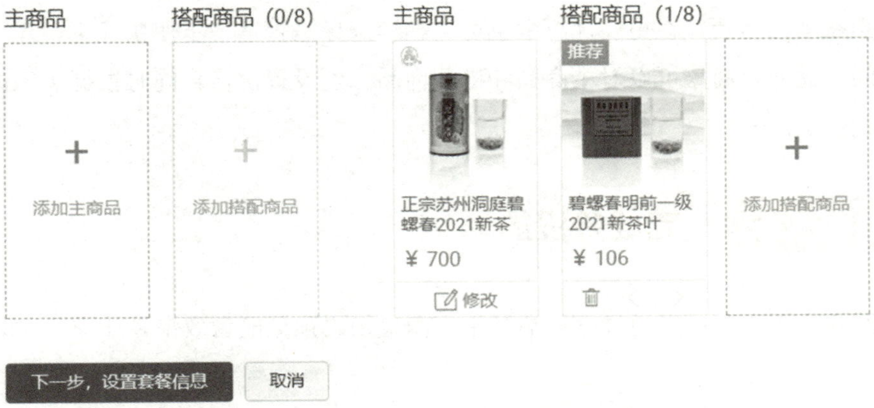

图 5 - 20 搭配宝主商品和搭配商品设置

步骤 2　设置套餐

设置套餐的活动信息，包括套餐名称、套餐介绍、套餐类型、套餐属性和套餐图，如图 5 - 21 所示。

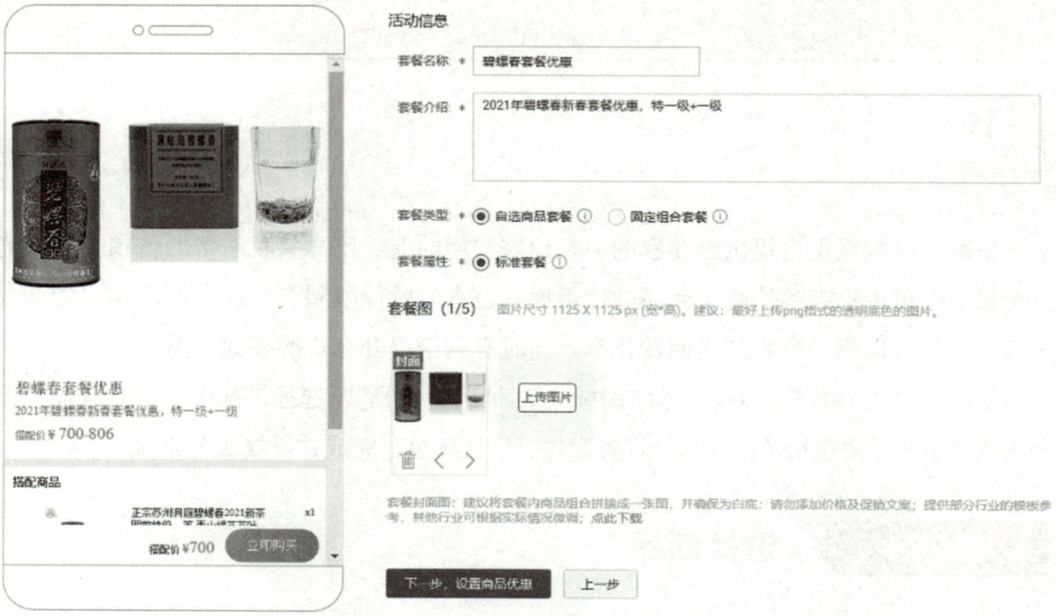

图 5 - 21　搭配宝套餐设置

步骤 3　设置优惠

设置优惠主要包括基础优惠、更多优惠和活动设置，如图 5 - 22 所示。基础优惠一般默认卖家承担运费，在更多优惠中也可以继续选择是否进一步使用优惠，还可以设置活动时间。此外，商家可以对主商品和搭配商品分别设置价格，同时根据买家的需求来设置搭配数量。

步骤 4　完成并投放

完成并投放后，可以通过电脑端和手机淘宝扫码预览前台效果，如图 5 - 23 所示。

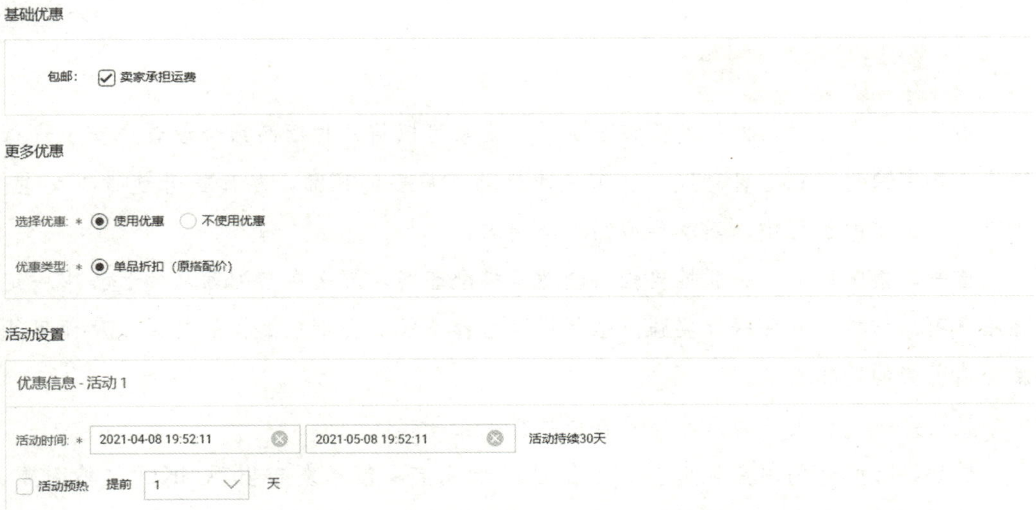

图 5-22 搭配宝优惠设置

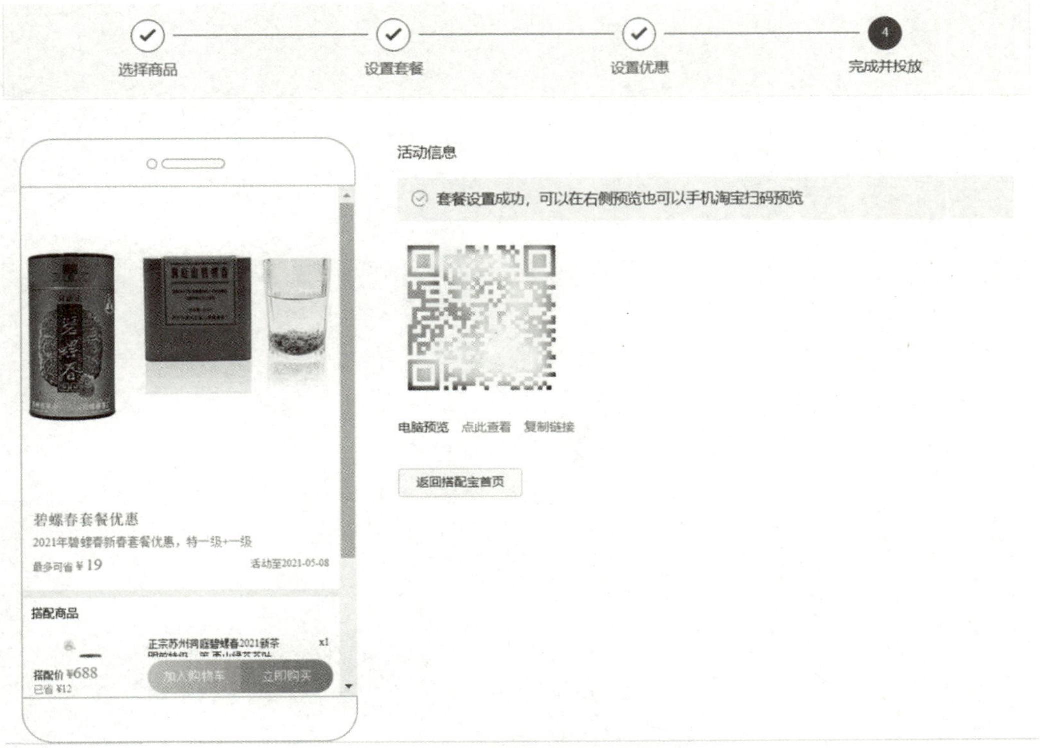

图 5-23 搭配宝设置完成后前台的页面

实践操作注意点

搭配宝是为卖家研发的商品搭配工具，卖家可以将几种商品组合设置成套餐进行销售。卖家通过促销套餐可以让买家一次性购买更多的商品，从而提升连带成交量。在应用搭配宝的过程中，卖家要遵循以下要求：

首先，搭配商品的关联性要强。既然是搭配套餐，那么在搭配商品的过程中一定要注意商品结构，其关联性要强。强制搭配套餐不仅不会带来促销的结果，反而可能影响消费者的购物热情。

其次，一个套餐最多只能将8种商品搭配在一起。

最后，巧妙地利用搭配套餐，不仅可以避免宝贝信息发布出现SKU作弊问题，同时可以带动多款商品的同时消费，在提升客单量的同时，有利于带动多个商品销量和评价的积累。

任务练习

任务名称：掌握搭配宝的使用流程及应用要点。

任务要求：针对网店商品使用搭配宝促销工具，记录应用流程，填写表5-7。

表5-7 搭配宝使用流程

主推商品	
搭配商品	
套餐名称	
套餐介绍	
套餐类型	
基础优惠	
更多优惠	
活动时间	

任务评价

任务评价详见表5-8。

表5-8 任务评价表

项目	学习态度（15%）	团队合作情况（15%）	步骤完成情况（30%）	汇报情况（25%）	出勤情况（15%）	综合评价
个人评分						
小组评分						
老师评分						
综合得分						

课证融通知识和技能训练

在“网店运营推广”职业技能等级证书标准中，与本模块对应的是网店运营基础里面的模块 3 网店基础操作中的营销活动设置。

一、单选题

1. 以下商品组合中，不适合使用搭配套餐的是（　　）。

A. 衣服和裤子　　B. 泳衣和项链

C. 护肤水和乳液　　D. 每日坚果和牛肉脯

2. 店铺周年庆发放 100 元优惠券给顾客，数量有限，送完为止，顾客的侥幸心理会促使他们尝试点击“领取”优惠券，再想办法使用这张优惠券。顾客的目的是将优惠券兑换成商品，店铺经营者的目的是在提升转化率的同时（　　）。

A. 降低店铺跳失率　　B. 提升店铺曝光率

C. 引流　　D. 提高成交量

3. 搭配套餐是将几种商品组合在一起设置成套餐进行销售，通过促销套餐可以让顾客一次性购买更多的商品。下列不是搭配套餐目的的是（　　）。

A. 提高店铺购买转化率　　B. 提高商品质量

C. 提高销售业绩　　D. 增加产品曝光力度

4. 通过无门槛大额店铺券吸引顾客到店，并能有效维持店铺顾客活跃度的优惠券是（　　）。

A. 领取型优惠券　　B. 秒抢优惠券

C. 金币兑换型优惠券　　D. 聚人气优惠券

5. 店铺促销活动中，（　　）应用场景非常广泛，对于大单价商品来说可以促进商品的转化率，对于小单价商品来说则可以促进店铺的整体转化率并提高客单价。

A. 节日活动　　B. 店铺券

C. 秒杀　　D. 满减活动

6. 以下关于搭配套餐的说法中，错误的是（　　）。

A. 搭配套餐的目的是节约劳动成本、提高销售量

B. 商家需要订购旺铺，才能对商品设置搭配套餐

C. 一个店铺最多只能设置 5 种搭配商品

D. 服装类商品适合使用搭配套餐促销活动

7. 设置优惠券需要把控的因素不包括（　　）。

A. 店内近 3 个月客单价　　B. 店内产品平均转化率

C. 店内热销产品的价格区间　　D. 店内近 3 个月人均成交件数

二、多选题

1. 下列属于提高消费额型店铺促销活动的是（　　）。

A. 秒杀　　B. 满就送　　C. 搭配套餐　　D. 满就减

2. 定向发放型优惠券是通过特定的渠道进行发放的，并非所有的顾客都可以领取。以下属于定向发放型优惠券发放形式的是（　　）。

A. 自定义发放

B. 通过二维码进行发放

C. 向曾经浏览过店铺、收藏过商品、加过购物车、下过订单的顾客发放

D. 通过淘宝平台随机发放

3. 商家设置（　　）优惠券的前提是商家必须报名参加了某些平台活动，然后该优惠券才能展示在顾客面前。

A. 秒抢　　B. 定向发放型

C. 金币兑换型　　D. 聚人气

三、判断题

1. 目前，淘宝平台官方后台支持的优惠券面额分为 3 元、5 元、10 元、20 元、30 元、50 元和 100 元等。（　　）

A. 正确　　B. 错误

2. 店铺促销品和新品相比，更能给商家带来利润的是促销品，而新品能帮商家带来更多流量。（　　）

A. 正确　　B. 错误

四、实践操作题

与本模块对应的是网店运营基础实训里面的模块 7 营销活动设置。

微　课

营销活动设置

根据二维码讲解，完成以下任务：

★ 模块 7 营销活动设置：店铺促销活动设置。

项目 6　网店活动

学习目标

- **知识目标：** 熟悉网店活动的类型、特征、要求，以及活动的报名流程、准备工作及活动要点；掌握网店运营推广（初级）证书考试中与营销活动设置的相关知识。
- **能力目标：** 能够独立完成农产品网店活动报名及实施工作，能够举一反三完成其他类商品在淘系平台的网店活动报名及工作，能够独立完成网店运营推广（初级）证书考试中的营销活动设置实训。
- **素养目标：** 能够在网店运营过程中团队协作，妥善处理工作分工的问题；熟悉促销活动中应该遵循的相关法律法规，在活动策划中融入中华优秀传统文化元素。

知识结构

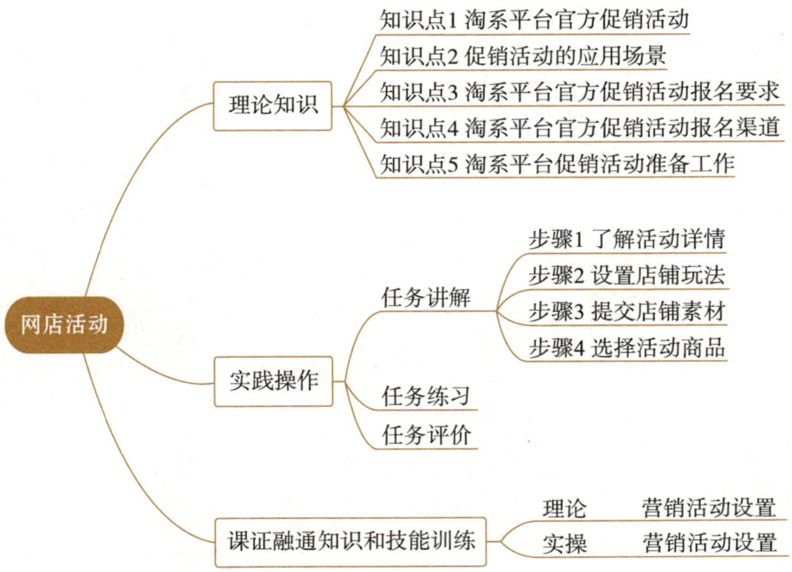

素养园地

党的二十大报告明确指出，“增强中华文明传播力影响力。坚守中华文化立场”，“讲好中国故事、传播好中国声音，展现可信、可爱、可敬的中国形象”，“推动中华文化更好走向世界”。茶，国饮也。在我国历史长河中，上至帝王将相，下至平民百姓，无不以茶为好。老一辈用匠心做好茶，新生代用网店平台推介茶文化。“淘宝春茶节活动”让消费者有更丰富的选择和更具性价比的体验，拉近了原产地与消费者的距离，更为生动地向全国乃至世界推介茶文化。

思考　对于碧螺春茶厂网店来讲，促销活动主要有哪些？其流程又是怎样的？

理论知识

官方平台促销活动

在营销体系中，促销活动是激活老客户、拉动新客户的有效手段，促销活动的实施不仅可以大大促进店铺销售转化，而且有助于商家迅速提高品牌影响力。

在网店运营的发展过程中，从淘系平台的天天特价、淘金币、聚划算开始，促销活动运营已成为网店日常运营工作的一部分，尤其是淘系平台双11的示范效应将营销活动推向高潮，京东、拼多多、苏宁易购、唯品会纷纷将促销活动作为赋能商家，提升平台活跃度的常规手段，促销活动运营由此也成为网店运营工作中的重要组成部分。

微 课

促销活动

在日常的网店运营中，店铺活动一般包括自己店铺、官方平台和第三方平台的促销活动。由于官方平台促销活动是网店运营工作的主流，因此下面主要以官方平台促销活动为例进行介绍。

官方平台促销活动是指由网络平台组织商家开展的促销活动行为。一方面，平台引导商家按要求参与各种活动；另一方面，平台在站内各大主要栏目及站外进行宣传推广以拉动消费端参与。由于平台拥有广泛的受众群体及活动宣传影响力、诱惑力，因此商家适度地参加官方平台促销活动对于促进销量、积累客户、提升影响力都有明显的拉动效应。目前，在网络零售平台上比较突出的活动有淘系平台的聚划算、双11、双12大促活动，京东系平台的秒杀、每日特价、大牌闪购、618大促，拼多多的年货节、秒杀、爱逛街、断码清场，苏宁易购的818购物节等。

下面主要以淘系平台为例，系统介绍官方平台促销活动。

知识点1 淘系平台官方促销活动

淘系平台官方促销活动主要包括品牌型活动、行业型活动和节庆专题活动。

1. 品牌型活动

聚划算、淘抢购、淘金币、全球购、极有家、天天特价、阿里试用等活动属于品牌型活动。如图 6－1 所示，品牌型活动面向整个淘系平台，在电脑端、移动端首页及主要栏目都有流量入口，具有受众广、流量大等特点，因此销量拉动和品牌推广效果更加突出。

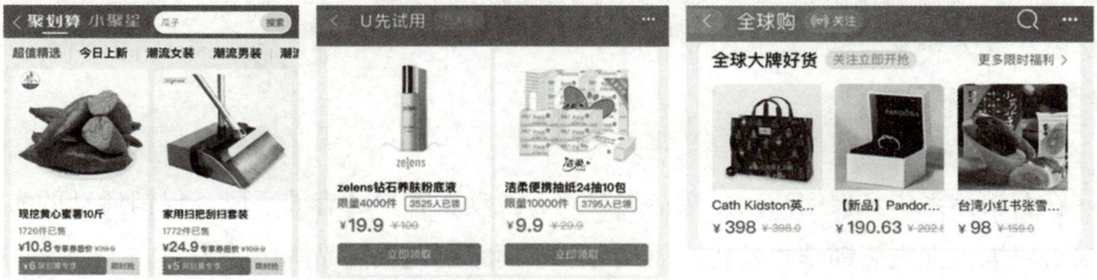

图 6－1　品牌型活动案例

2. 行业型活动

行业型活动即面向行业的专场活动，如女装、男装、女鞋、男鞋、运动户外、母婴、美妆、家居百货、家电数码等常规类目的活动，以及中国质造、潮电街、淘宝美食、农村淘宝、农资等特色市场类目的活动，这类活动流量入口主要分布在类目频道页，相对来说，它没有品牌型活动影响力大，但客户针对性更强，如图 6－2 所示。

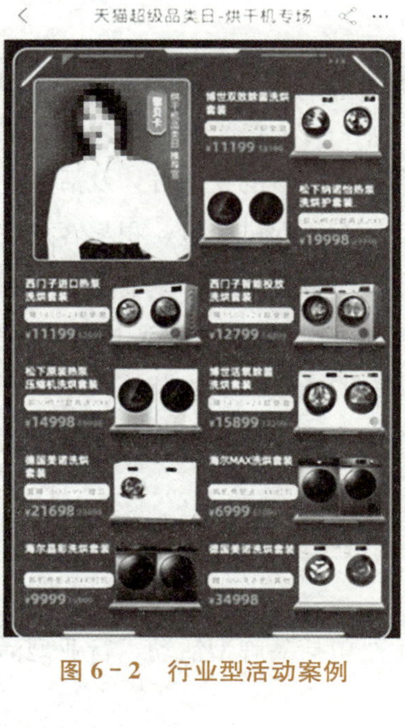

图 6－2　行业型活动案例

3. 节庆专题活动

面向节庆专题的专场活动有很多，例如面向淘宝商家的淘宝嘉年华、双 12，面向天猫商家的双 11、天猫 618 年中大促及女王节、年货街等，如图 6－3 所示，尤其是双 11、双 12、天猫 618 年中大促专场可以算得上影响整个电子商务行业的大型活动。

图 6－3　节庆专题活动案例

知识点 2　促销活动的应用场景

1. 常规性促销活动

常规性促销活动主要针对的是潜力爆款产品，目的是引入流量，通过促销活动让买家建立初次购买的信心，也可以缩短买家的消费周期。

2. 清理库存

很多商家会在换季、年终的时候开展促销活动，主要是针对过季商品进行低价甩卖、清理库存和盘活资金。

3. 新品发布

商家会在发布新品时开展促销活动，目的是迅速触达大量的人群，从而促进口碑传播及新品影响。促销活动执行到位就可以调动买家的购买热情，让买家打消疑虑且选择购买，从而缩短新品的入市进程。

知识点 3 淘系平台官方促销活动报名要求

营销活动由于流量巨大，促销、品牌效果明确，因此成为商家间竞相拼抢的“香饽饽”。但是对于淘系平台而言，为了保障平台的信誉度、提升客户体验，就会要求参加活动的商家必须具备一定的资质。

1. 淘宝店铺

（1）商家要求方面：须支持淘宝消费者保障服务，近半年店铺 DSR 评分 3 项指标分别不低于 4.6、均值不低于 4.7，店铺实物交易占比须在 95%及以上，近 90 天店铺订单金额退款率不超过 30%，店铺的近 30 天纠纷退款率必须小于 0.1%，店铺在近 30 天及 1 年周期内不能触犯某些规则等。类目不同，其要求各有差异，特殊类目除外。

（2）商品要求方面：除特殊类目商品外，其他报名商品的报名价格须满足《天猫及营销平台最低标价规则》的规定，必须支持包邮。商家参与聚划算、淘抢购、百亿补贴期间，商品活动价应为任一中国电子商务平台中同款商品的最低商品价格（含拼团价格）。

2. 天猫店铺

相比淘宝店铺而言，天猫平台对天猫店铺的要求相对宽松一些。

（1）商家要求方面：主要表现在商家基础服务考核分、商家活跃度、商家综合排名 3 个维度。商家基础服务考核分需达到该店铺所属主营类目的要求；商家活跃度开店时长（即店铺上线时间）已满 180 天（含）且近 180 天（含）内未达成任何成交的商家，将被限制参加营销活动；天猫还将结合商家多维度经营情况（如诚信经营、品质情况等）进行综合排名，若综合排名较低，将被限制参加营销活动。

（2）商品要求方面：商品须符合《天猫及营销平台最低标价规则》的规定。

除了以上规定外，还要求商家店铺没有因违反淘宝（天猫）规则导致被限制的行为。主要表现在不存在下列违规行为：近 90 天（含）内因一般违规扣分累计达 48 分；近 90 天（含）内因严重违规扣分达 12 分；近 30 天（含）内因一般违规扣分累计达 12 分；近 30 天（含）内存在严重违规扣分（不含 0 分）；近 30 天的营销平台活动报名店铺在大促中存在虚假交易行为。

知识点 4 淘系平台官方促销活动报名渠道

淘系平台为商家参加促销活动提供了多元化的活动入口，如图 6 - 4 所示，依次点击“千牛卖家工作台—营销中心—活动报名”，就会出现官方大促、行业活动、聚划算等活动入口。

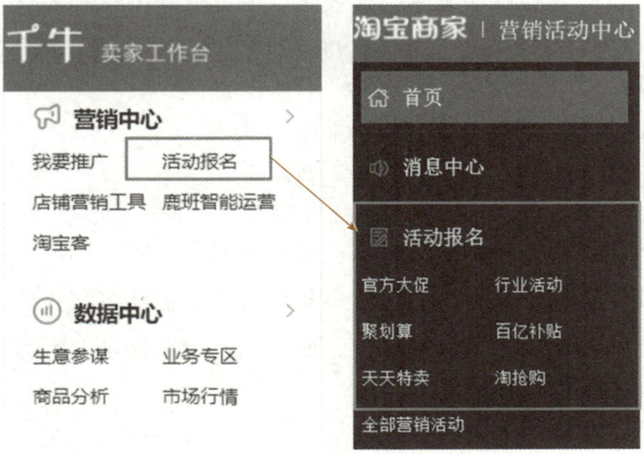

图 6-4 淘系平台促销活动报名入口

知识点 5 淘系平台促销活动准备工作

店铺促销活动运营不仅涉及报名条件核实、报名流程中资料提交等问题，而且涉及商品选择、定价、关联营销、促销品、客服、库存准备等一系列问题，每一次成功的活动都是周密策划和准备的结果。

1. 明确活动目的，做好选品与定价工作

不同的活动商品，其营销目标各有差异。以清理库存为目的的促销活动主要以积压商品和过季商品售卖为主，为避免压货可以低价促销；以带动店铺业绩为目标的促销活动，可以选择店铺爆款辅以适当优惠大量促销；以展示形象和新品预热为目的的促销活动，可以给予适当的优惠，扩大新品客户影响与体验，同时做好新品搭配促销或者全店推荐工作。

2. 准确把握每种活动特性，选择性报名

从商家角度分析，由于聚划算、淘抢购、双 11 等活动规模大、门槛高，对商家资质、综合运营能力要求较高，因此适合有一定基础的淘系商家；天天特卖、淘金币等活动相对应的要求条件不高，比较适合中小型商家或者初级商家。从商品角度而言，聚划算流量大，适合库存比较充足的商品；试用中心以试用为主，适合新品发布或重复消费型的商品；天天特价、淘金币更适用于集市店、低客单价的商品。

3. 考虑不同活动对店铺资质的要求，提前做好准备

不同的活动对目标商品有明确的指标要求，因此商家要提前做好销量、评价，以及店铺的 DSR 评分、基础服务分等工作，以便保障报名顺利通过，为后期在活动中赢取客户信任奠定基础。

4. 做好产品的供应链、资金准备工作

由于大部分活动的流量大、成交量大，且准备时间有限，因此商家要对库存、供应链有个良好的预期，避免成交后出现供货不足的现象，造成客户投诉、店铺权重下降的问题；同时由于活动涉及出货压制现金流、要缴纳一定的保证金，因此商家要提前做好资金准备和后续的资金周转工作。

5. 提前关注报名流程

商家要做好报名工作中商品价格和标题的设置，以及图片、链接提交工作，避免因为提交资料不合格耽搁活动报名。

6. 提前做好各职能分工

为保障活动高效、效果圆满，商家要提前对各部门进行分工，早做准备。各部门主要包括运营主管、设计美工、推广活动、客户服务和仓储物流，具体职能分工如图 6－5 所示。

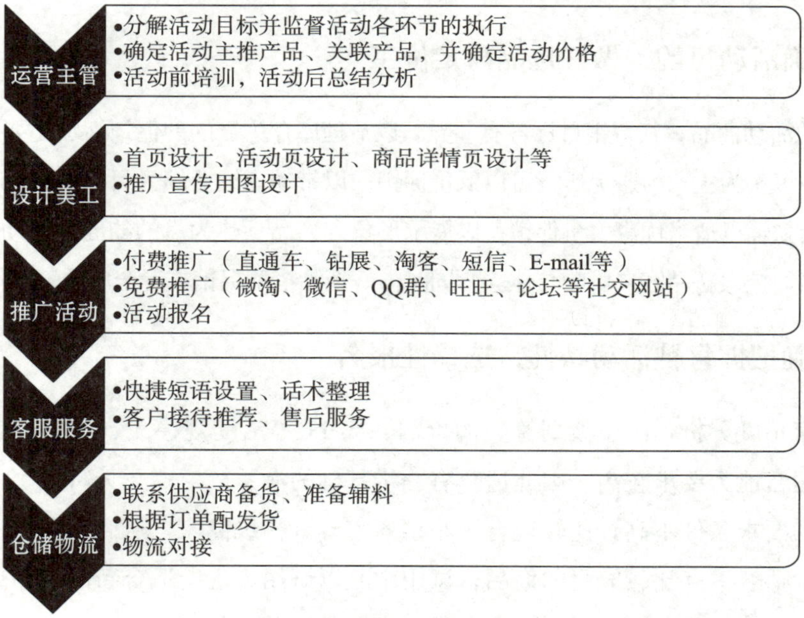

图 6－5　活动准备中各部门的职能分工

实践操作

淘宝春茶节活动应用流程

“松花酿酒，春水煎茶”。在春分之际，采茶成为春日的必备活动，清明节前后是采茶的最好时节，在每年新茶上市和开采之际，淘宝推出春茶活动，给喜欢饮茶的消费者带来更多新品，也给商家们带来更多的展现和流量，在商家和消费者之间架起一道快捷的高品质桥梁。活动的目的主要是针对精品茶、特级茶、茶王等新茶的试用，让消费者能够充分感受到更纯正的茶香。不同的活动适合不同的客户人群，也适合不同的商家、同一商家的不同商品。商家要根据自己店铺的特征去选择适合自己的品类去参加。

春茶节活动报名方法有很多，这里仅介绍两种方法。

第一，在官方大促类目中搜索“春茶”关键词，就可以看到淘宝春茶节活动的信息，再进行报名，如图 6-6 所示。

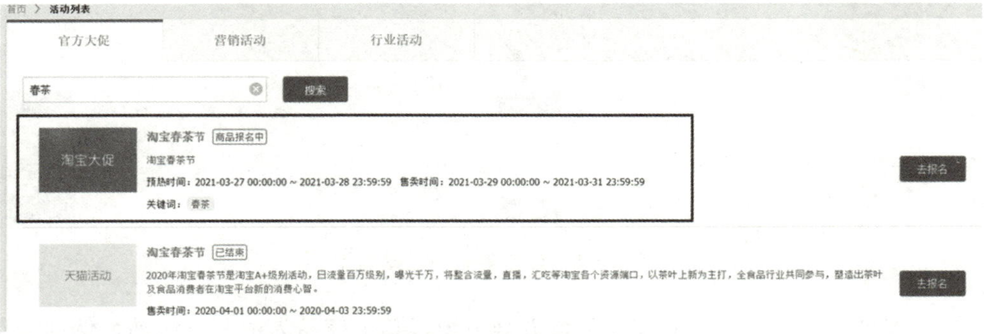

图 6-6 在官方大促类目搜索关键词

第二，如图 6-7 所示，在“阿里万象”窗口中搜索关键词，可以看到更具体的报名信息，包括活动报名时间、审核截止时间、活动预热时间和正式活动时间，同时还给出了报名链接，点击就可以了。

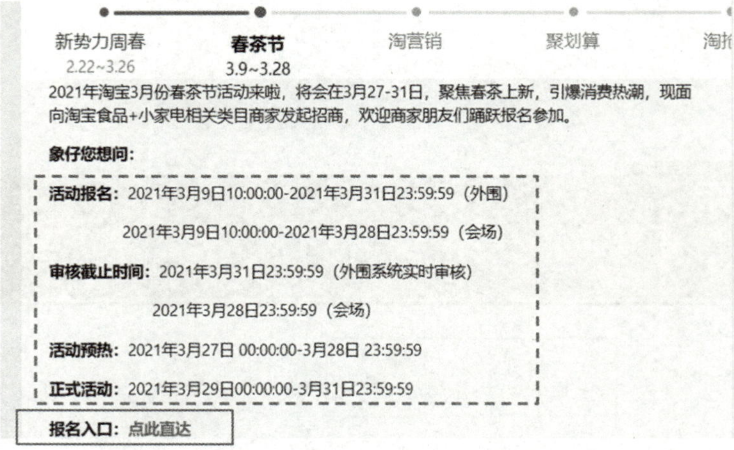

图 6-7　在“阿里万象”窗口搜索关键词

淘宝春茶节活动类型包含会场招商和外围招商两大类，如图 6-8 所示。会场招商通常是重要的资源展位，需商家自主报名。外围招商相对会场招商来说，官方分配的资源占位相对较少，但是相较于未参加活动的商品，外围商品在搜索上会有加权，商家也可以自主报名，一般报名成功后可自主撤销，具体以后台实际操作为准。此处可以看到针对一个主题会配有很多活动，对活动的要求各有差异。

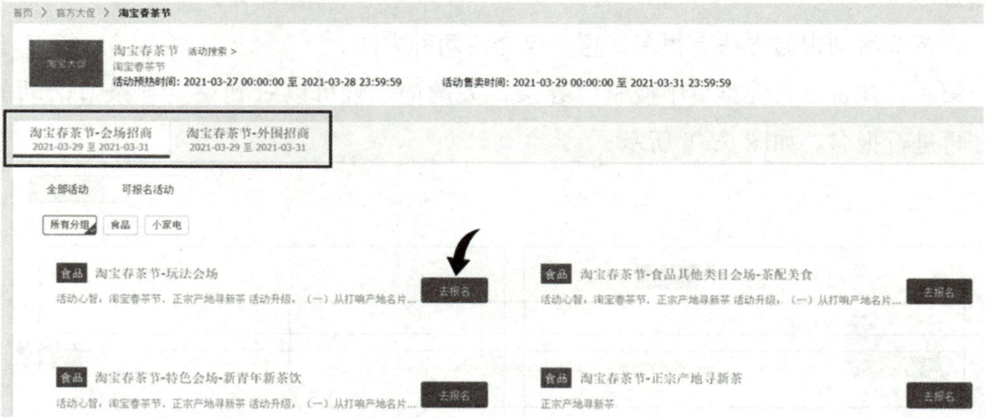

图 6-8　淘宝春茶节活动类型

为了满足买家的多元性需求，平台方会组织以某个商品为主题的活动，例如春茶节主题活动，平台会把这个活动又细分成很多小类。不同的活动适合不同的客户人群，也适合不同的商家或同一商家的不同商品。商家要根据自己店铺的特征选择适合自己的品类去参加。只有商家对所有的活动都有所了解，才有可能知道自己适合不适合，或自己的哪一款商品适合哪个活动。

以淘宝大促—淘宝春茶节—买一送一—茶行业招商为例。

步骤 1 了解活动详情

图 6－9 详细介绍了活动详情，包括活动时间、报名时间和活动介绍（活动预热时间、正式时间和活动玩法）。通过活动详情，商家可以掌握该活动的时间安排和活动玩法。

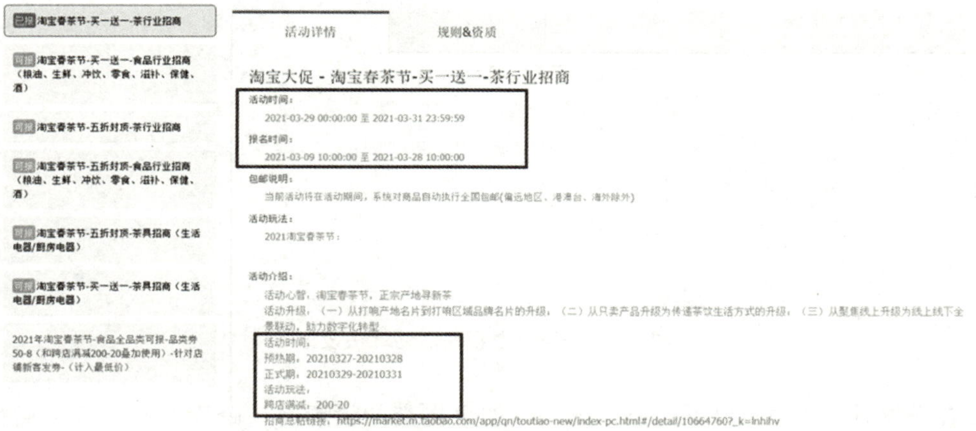

图 6－9　茶行业招商报名活动详情

了解了活动详情后，商家还需看一下规则和资质要求，看是否有资格报名。如图 6－10 所示，每个活动都会给出规则分类、规则内容和商家资质，并列出商家资质是否符合每一条细则。

商家资质

规则分类	规则内容	你的资质
支付宝II类支付账户	报名活动的商家需开通支付宝II类支付账户	1、您的支付宝账户身份认证信息完善程度达到II类支付账户要求
近365天内出售假冒商品分值未达12分	报名活动的商家需近365天内出售假冒商品分值未达12分	1、通过
自然年C类售假处罚	参加大型营销活动要求您的店铺未被售假处罚	1、通过
星级标准	店铺星级	1、活动要求大于等于1钻且小于等于5金冠，您的资质：5钻
近730天内出售假冒商品分值未达24分	报名活动的商家需近730天内出售假冒商品分值未达24分	1、通过
近90天内无虚假交易扣分	报名活动的商家需近90天内无虚假交易扣分	1、符合
未在搜索屏蔽店铺期	报名活动的商家需未在搜索屏蔽店铺期：	1、未在搜索屏蔽店铺期
店铺综合排名	从商品品质、商家历史诚信经营等维度对报名商家进行综合排序，店铺综合排名需符合活动要求	1、从商品品质、商家历史诚信经营、纠纷率、退款率、DSR等维度对报名商家进行综合排序，您的店铺综合排名符合活动要求
近90天内无一般违规行为节点	报名活动的商家需近90天内无一般违规行为节点处理记录	1、符合
近365天内无严重违规行为节点	报名活动的商家需近365天内无严重违规行为节点处理记录	1、通过

图 6－10　茶行业招商活动报名规则和资质

步骤 2　设置店铺玩法

商家可以进行更具体地玩法设置，包括活动名称、预热时间、使用时间、主营类目和使用条件，如图 6－11 所示。

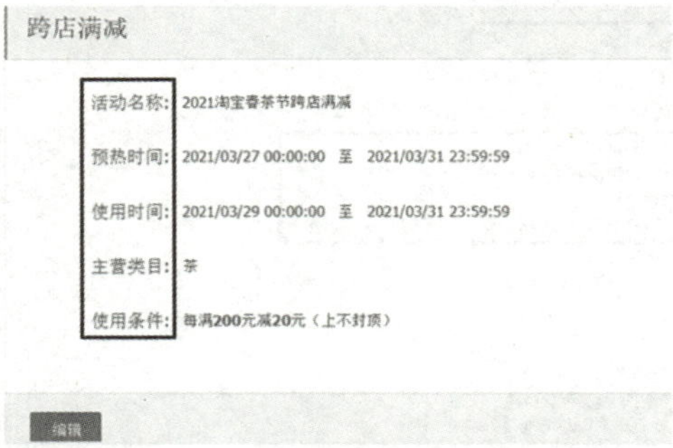

图 6－11　茶行业招商活动玩法设置

在设置时，要注意以下几点：第一，如果提交的设置有“跨店满减”或“店铺红包”，活动开始后以上设置默认全店生效；第二，如果店铺未报名成功、被清退活动、自行撤销或审核未通过，设置继续生效；第三，如果想要删除设置，需要先取消所有关联该设置的报名活动，然后进入营销页面取消设置。

步骤 3　提交店铺素材

提交店铺素材包括店铺名称、店铺短标题、店铺利益点、负责人旺旺名称、负责人手机号及负责人钉钉手机号，如图 6－12 所示。全部填写后即可提交。

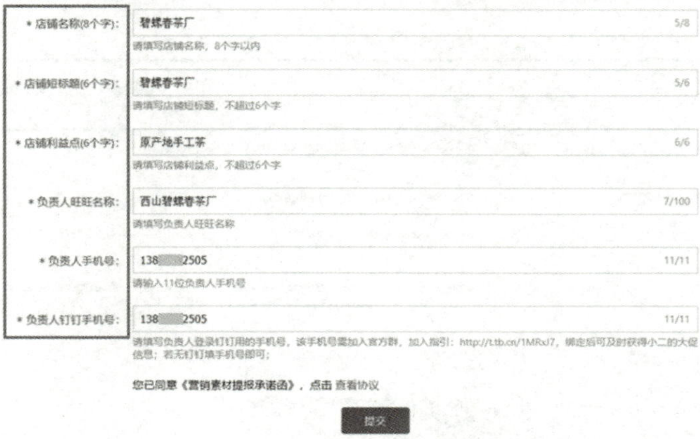

图 6－12　茶行业招商活动提交店铺素材

步骤 4 选择活动商品

商家选择适合此次活动的商品并提交，方可完成报名，如图 6 - 13 所示。

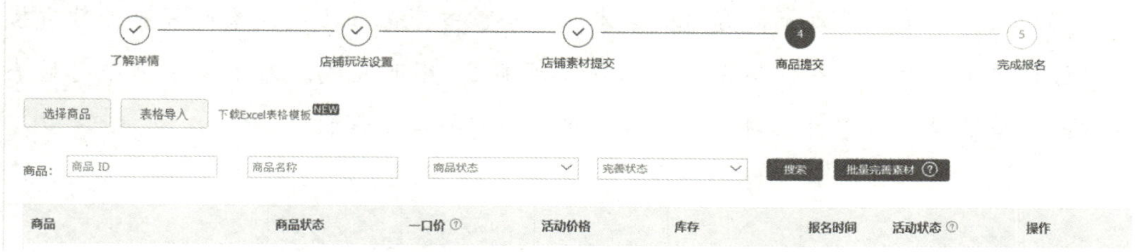

图 6 - 13 茶行业招商活动选择商品提交

实践操作注意点

参加淘宝活动是商家网店推广的途径之一，参加淘宝活动会在一定时间内让店铺客流量和宝贝点击量迅速上升，提高店铺知名度；有利于店铺打造爆款商品；带来更多成交量；可以快速清仓；一些已经成型的店铺参加活动可以打破店铺面临的限流僵局，获得更大的发展。商家要注意每个活动的报名时间、预热时间、审核时间和活动时间，如果错过某个关键环节，就会影响参加活动。参加淘宝活动主要有以下注意事项：

(1) 活动报名：宝贝折扣和库存设置合理，图片精美度符合平台要求，信息展示完整。

(2) 渠道引流：主流的付费推广渠道主要有直通车、引力魔方、淘宝客。活动期间要适当加大推广力度，商家要根据活动的目标销量或者销量来分解。对于小卖家来说，优先考虑的是直通车。

(3) 活动节奏：一般大型活动包括蓄水期、预热期、爆发期、余热期。蓄水期主要目的是通过增加活动资金的早期曝光，尽可能多地覆盖新的目标用户，引导店铺收款；预热期通过发布活动促销信息，鼓励客户收藏和购买更多活动；爆发期的重点是通过达摩板块和直通车的人群标签功能，引导已收藏并添加购买的客户和有历史交易的老客户回店转化；余热期间，对还没来得及消费或想继续消费的客户给予适当优惠，进行补充和转化。

(4) 页面装修：统计页面装饰需要调整的图片的位置。除了官方承诺书页面和主要产品图片，电脑端要对首页、焦点图片、店招、详情页、侧边栏进行装修；移动端要关注主页、焦点图片、细节顶部的装修。商家对这些地方都需要提前规划好装修内容，再结合具体的时间安排，并加上活动倒计时、售罄标志等。

(5) 服务承接：活动期间客服的话术、活动款的产品知识以及临时客服的软件操作培训都要提前准备，活动当天分小组保证客服 24 小时在线。对下单半个小时后未付款的订单及时进行催付，对未付款的订单专门安排电话催付。

任务练习

练习 1

任务名称： 掌握不同类别商品报名活动的商家要求和商品要求。

任务要求： 查询至少两类商品活动，调研不同类别商品报名参加活动的商家要求和商品要求，进行比较分析，填写表 6－1。

表 6－1 不同类别商品报名参加活动的商家要求和商品要求

对比项	商品类别 1	商品类别 2
活动名称		
商家要求		
商品要求		

练习 2

任务名称： 掌握活动报名的流程及注意事项。

任务要求： 根据自己店铺的商品，选择一个店铺活动报名，记录相关信息，填写表 6－2。

表 6－2 活动报名的流程

商品类别	
活动类型	
营销场景	
活动特色	
活动玩法	
服务规则	
商品规则	
店铺要求	

任务评价

任务评价详见表 6－3。

表 6－3　任务评价表

项目	学习态度（15%）	团队合作情况（15%）	步骤完成情况（30%）	汇报情况（25%）	出勤情况（15%）	综合评价
个人评分						
小组评分						
老师评分						
综合得分						

课证融通知识和技能训练

在“网店运营推广”职业技能等级证书标准中，与本模块对应的是网店运营基础里面的模块 3 网店基础操作中的营销活动设置。

一、单选题

1. 在设计促销活动内容时，前端页面的信息展示主要包括三个层面，一是商品卡片，二是商品详情，三是（　　）。

A. 购物车　　B. 领券入口

C. 活动标识　　D. 活动信息

2. 后台编辑促销活动时，主要分为三大模块，包括（　　）、商品范围、赠品信息。

A. 活动定义　　B. 商品详情

C. 商品卡片　　D. 活动互斥规则

3. 以下不属于促销活动内容设计的是（　　）。

A. 促销活动后台设计　　B. 活动之间的互斥规则

C. 活动推广信息设置　　D. 前端页面处理

4. 在报名聚划算的时候，一般是原价的（　　）左右，如果成交价格过高，则会导致竞价无优势，而不能通过聚划算审核。

A. 3 折　　B. 1 折　　C. 5 折　　D. 8 折

5. 以下属于淘宝平台活动的是（　　）。

A. 俄罗斯团购爆品团　　B. 天天特卖

C. 网购星期一　　D. 黑色星期五

6. 以下各种类型的活动，其活动方式和其目的不相匹配的是（　　）。

A. 会员日：通过打折促销，吸引买家成为会员

B. 新品：新上线商品积累销量

C. 清仓：低价抛售换季商品，减少库存，资金回笼

D. 店庆：店铺自己的节日，目的是让买家形成购物习惯，同时也是对店铺的宣传

7. 小明想为店内的产品报名聚划算活动，他应该选择的产品阶段是（　　）。

A. 新生或者上升期　　B. 新生

C. 滞销　　D. 热卖或者上升期

8. 以下属于聚划算活动报名能否成功的影响因素的是（　　）。

A. 以下都是　　B. 产品质量

C. 产品生命周期　　D. 产品价格

9. 淘宝活动包括淘宝平台活动和（　　）。

A. 抢购活动　　B. 天天特卖

C. 店铺活动　　D. 第三方活动

10. 关于淘抢购平台活动，以下说法正确的是（　　）。

A. 淘抢购的商品展示没有规律，消费者是在浏览商品的过程中进行购买的

B. 淘抢购活动是没有时间限制的

C. 淘抢购是一个付费的淘宝活动

D. 淘抢购的商品是不限量供应的

11. 淘宝活动包括淘宝官方活动和第三方活动，以下属于淘宝官方活动的是（　　）。

A. 黑色星期五　　B. 聚划算

C. Prime 会员日　　D. 网购星期一

二、多选题

1. 店铺促销手段运用得当能够带来良好的转化率，如果商品能够参加各种活动，无论是团购还是天天特卖，都会给店铺带来可观的流量，在此基础上做好店铺的（　　），店铺的发展将会比较良性。

A. 搭配促销　　B. 线下引流

C. 后期服务　　D. 店铺推广

2. 店铺可以借力多维平台的沟通渠道，结合客户关系管理（CRM）系统，针对忠诚客户实现差异化营销，主要包括（　　）。

A. 支付宝红包营销　　B. 优惠券营销

C. 短信营销　　D. 场景营销

3. 聚划算活动对卖家进入有一定的门槛要求，卖家在报名时需注意的事项是（　　）。

A. 产品评分不能低，可以有中评，但不能有差评

B. 在报名前要了解聚划算规则

C. 报名的商品要具有代表性

D. 设置的活动价格可以比平时低一些

4. 搭配套餐是将几种商品组合在一起设置成套餐进行销售，以下关于搭配套餐的描述中，正确的是（　　）。

A. 搭配套餐的设置是建立在商品之间存在内在联系的基础上

B. 卖家需要成功订购旺铺才能对商品设置搭配套餐

C. 搭配套餐是针对整个商铺的

D. 一个商铺最多只能设置 4 个搭配套餐

5. 各电商平台常见的店铺营销活动有（　　）。

A. 店铺 VIP　　B. 优惠券

C. 搭配套餐　　D. 满立减

6. 主流的平台促销活动主要有（　　）。

A. 速卖通俄罗斯团购爆品团

B. 淘宝淘抢购

C. 淘宝聚划算

D. 亚马逊秒杀

7. 促销活动的描述包括活动时间、活动库存、限购数量/次数、是否参加满减等，其中限购数量/次数从限购的角度分为（　　）。

A. 针对活动商品限购　　B. 针对商品限购

C. 针对人群限购　　D. 针对订单限购

8. 促销活动是店铺提高销售业绩的重要手段，大型活动能迅速提高企业及品牌的知名度、美誉度和影响力。商家在后台编辑促销活动时，主要分为（　　）三大模块。

A. 赠品信息　　B. 活动价格

C. 活动定义　　D. 商品范围

9. 报名聚划算的产品必须经过两道关卡，其中平台审核的主要指标包括（　　）。

A. 转化率　　B. 销量

C. 评价　　D. 营销手法

三、判断题

1. 平台促销活动能为店铺带来大量流量，而高流量就代表着高转化率。（　　）

A. 正确　　B. 错误

2. 聚划算、天天特卖、淘金币、淘抢购都是店铺活动。（　　）

A. 正确　　　　B. 错误

四、实践操作题

促销工具和营销活动实践操作在“网店运营推广”职业技能等级证书考证中占比较低，这部分内容在项目 5 中已经介绍，这里不再做实操要求。

参考文献

1 雷莉，黄睿．网店运营与推广从入门到精通（微课版）．北京：人民邮电出版社，2022．

2 赵礼玲，李星．淘宝网开店、装修、运营、推广与管理：微课版．2 版．北京：人民邮电出版社，2022．

3 六点木木．淘宝开店从新手到皇冠：开店＋装修＋推广＋运营一本通．3 版．北京：电子工业出版社，2020．

4 毛豆商学院．淘宝、天猫运营从入门到精通．广州：广东人民出版社，2022．

5 曹五军．网店运营实务．成都：西南财经大学出版社，2022．

6 赵丽英，聂淼．网店运营实务：微课版．北京：人民邮电出版社，2023．

7 王利锋，温丙帅，薛瑾．网店运营实务（慕课版）．3 版．北京：人民邮电出版社，2022．

8 贾真．淘宝天猫店是如何运营的：网店从 0 到千万实操手册．北京：电子工业出版社，2017．

9 刘蓓．网店运营实务．2 版．北京：北京邮电大学出版社，2022．

10 常玉苗，王静，夏正晶．网店运营实务．济南：山东大学出版社，2021．

11 葛存山，胡秀娥．电商运营与推广：操作实战＋案例分析＋策略技巧（微课版）．2 版．北京：北京邮电大学出版社，2020．